乡村旅游发展研究

张立丽◎著

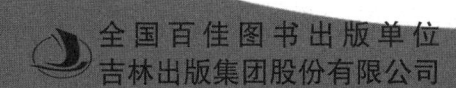

全国百佳图书出版单位
吉林出版集团股份有限公司

图书在版编目（CIP）数据

乡村旅游发展研究/张立丽著. --长春：吉林出版集团股份有限公司，2022.11
ISBN 978-7-5581-7542-8

Ⅰ.①乡… Ⅱ.①张… Ⅲ.①乡村旅游－旅游业发展－研究－中国 Ⅳ.①F592.3

中国版本图书馆CIP数据核字(2022)第209445号

XIANGCUN LÜYOU FAZHAN YANJIU

乡村旅游发展研究

| 著　　者：张立丽 |
| 责任编辑：欧阳鹏 |
| 封面设计：冯冯翼 |
| 开　　本：787mm×1092mm　1/16 |
| 字　　数：230千字 |
| 印　　张：10.5 |
| 版　　次：2022年11月第1版 |
| 印　　次：2022年11月第1次印刷 |

出　　版：吉林出版集团股份有限公司
发　　行：吉林出版集团外语教育有限公司
地　　址：长春市福祉大路5788号龙腾国际大厦B座7层
电　　话：总编办：0431-81629929
印　　刷：涿州汇美亿浓印刷有限公司

ISBN 978-7-5581-7542-8　　　　定　价：58.00元
版权所有　侵权必究　　　　　　举报电话：0431-81629929

前言

乡村发展内容广泛、涉及面广、复杂性高,大部分乡村需要从农业产业本身突破,通过农业现代化实现振兴,有些地方则会通过其他途径来实现振兴。在不断的探索与实践中,乡村旅游这样一条能够发挥乡村综合效益、创造美好生活的重要途径进入了人们的视线。近年来,随着经济的持续发展,人们的生活水平不断提高,也越来越追求游玩观赏、农耕体验等休闲活动。

本书以乡村旅游的创新发展为突破口,全面探讨了乡村旅游的发展与创新,并从基本原理入手进行了阐述,更加突出了乡村旅游模式的独特性与创新性,力求搭建一个较为全面的研究乡村旅游发展的视角,希望通过系统阐述,能够使读者对乡村旅游的发展历程有一个全面的认识,同时也能为乡村旅游的发展提供新的思路和想法。

简言之,本书有以下几个鲜明的特点。

第一,聚焦战略。本书立足于乡村旅游的基础理论,明确提出了以旅兴农、以旅兴乡的方法路径,即深挖价值、保障服务、经济振兴、形象设计、生态保护、社区参与、素质培养等。

第二,体系完整。本书的节与节之间有机联系、环环相扣,从而在内容上形成了较为完整的理论体系,有助于读者全面、系统地把握乡村旅游的规划、开发、建设与保护。

第三,规范性强。本书语言准确规范、精练简约,叙述脉络清晰、言简意赅,力求使读者能够更为轻松地掌握相关内容。

目录

第一章　乡村旅游概念体系 ··· 1

  第一节　乡村旅游概念 ··· 1
  第二节　乡村旅游概念的延伸 ··· 7
  第三节　乡村旅游分类 ··· 13

第二章　乡村旅游设施建设 ·· 18

  第一节　乡村旅游设施建设的原则与要求 ···························· 18
  第二节　乡村旅游交通与游憩设施建设 ······························· 23
  第三节　乡村旅游给排水与垃圾收运设施建设 ····················· 33
  第四节　乡村旅游的绿化设计 ··· 37
  第五节　乡村旅游网络信息平台构建 ·································· 41

第三章　乡村旅游产品创新 ·· 48

  第一节　乡村旅游产品概述 ·· 48
  第二节　乡村旅游产品开发要点 ·· 61
  第三节　乡村旅游产品市场需求 ·· 68
  第四节　乡村旅游产品开发的创新设计 ······························· 74

第四章　乡村旅游营销创新 ································· 80

第一节　旅游营销的概述 ································· 80
第二节　现行乡村旅游营销方式 ···················· 91
第三节　创新乡村旅游营销策略 ···················· 102
第四节　乡村旅游电子商务营销 ···················· 110

第五章　乡村旅游发展的创新路径 ················· 119

第一节　乡村旅游与产业融合 ······················· 119
第二节　乡村旅游与生态建设 ······················· 130
第三节　乡村旅游与人文发展 ······················· 136
第四节　乡村旅游与科技发展 ······················· 146
第五节　乡村旅游与制度创新 ······················· 152

参考文献 ··· 161

第一章
乡村旅游概念体系

第一节 乡村旅游概念

什么是乡村旅游？其所指含义似乎清晰，毕竟其定义中指出了"乡村"这一地域特征，与城市旅游必然不同。但是，其准确指向并不明晰，一方面可能出现理解范围过宽，把地处乡村的旅游均认为是乡村旅游，另一方面也可能出现理解范围过窄，主要把农家乐活动理解为乡村旅游。我国乡村旅游已呈现出异彩纷呈的新特点，仅从一个视角出发是不能全面理解乡村旅游的。事实上，对乡村旅游的概念认知，既要与国内外发展背景相结合，又要与旅游业发展的时代特征相结合。

一、国际乡村旅游概念辨析

乡村旅游在英文文献中一般被称为 Rural Tourism（乡村旅游），但是也有 Agritourism（农业旅游）、Farm Tourism（农场旅游）、Ecotourism（生态旅游）、Geotourism（地学旅游）等说法。不同的国家用词会有所不同，这与当地的产业基础和休闲方式有很大的关系。如爱尔兰最喜欢用 Rural Tourism（乡村旅游），波兰旅游经营者和农场主喜欢用 Agritourism（农业旅游），北美洲、大洋洲等国家经常用 Farm Tourism

（农场旅游），农场旅游是乡村旅游的一部分，经营更接近农业生产，在很多欧洲农场里，农业旅游或乡间的活动都叫作乡村旅游。乡村旅游概念研究的重要基础有以下几个方面：

（一）强调乡村旅游发生的场地空间

很多学者在概念当中都提到了这一点，有的认为乡村旅游发生的空间是农村区域，也有的人认为是非城市区域，还有的说是乡村地区。欧盟和世界经济合作与发展组织将乡村旅游定义为发生在乡村的旅游活动，明确乡村旅游发生的场地空间是乡村旅游概念研究的前提。

（二）强调乡村旅游活动的乡村性

乡村性（Rurality）是客观、准确地描述乡村旅游活动区域及活动对象特征，同时区别于其他不同旅游类型的主要依据。其概念主要建立在城市和乡村关系的社会学理论体系之上，乡村区别于城市的、根植于乡村世界的乡村性是吸引旅游者进行乡村旅游的基础。欧盟和世界经济合作与发展组织认为乡村性是乡村旅游整体推销的核心和独特卖点。乡村旅游活动"具有农村区域的特点"。乡村旅游是一种基于农业的高层次的旅游活动，既包括了传统的农村游玩项目，又具有教育意义和区域民俗旅游活动。乡村旅游是一种旅游形式，这种形式与传统乡村有关。可见国外学者对于旅游活动的乡村性是非常关注的。

（三）强调乡村旅游的作用与效益

为通过参与这种旅游形式，村民和游客都可以从中受益。乡村旅游是小规模的环境、经济、历史和本地性的综合模式。全面开发乡村资源，创造出口产品的途径和工具，通过量和质两个方面增加努力，乡村旅游可以被建设成为乡村就业和收入的基本源泉。乡村旅游具有农村区域的特点，如区域开阔、可持续发展等。国际乡村旅游概念强调乡村旅游的居民和游客的综合受益，也强调乡村旅游的可持续发展。

（四）强调旅游开发与土地利用的关联性和一致性

部分学者将乡村旅游与农业旅游（Agritourism）或农场旅游（Farm Tourism）等

概念替换使用，认为这两个概念是基于耕地相关而共生的。这说明乡村旅游的开发与农业土地利用的关系非常密切，农业旅游、农场旅游、牧场旅游、林场旅游等都是与乡村旅游非常密切的概念。

综合来看，国外对于乡村旅游概念的界定并不是采用系统归纳概括的方法，而是依据发展实际，抓住乡村旅游的某一个或某几个方面的典型特点进行解释性阐述。这与发达国家的国情相适应，其乡村人口占比较小，围绕乡村人口形成的乡村聚居地相对集中，因而，其乡村旅游所指向的地域特点、环境特点、体验特点等都比较一致。其乡村旅游概念基本属于狭义范畴，突出乡村旅游与乡村社会、社区之间的紧密联系。给我们的启示是界定乡村旅游概念一定要抓住乡村旅游的本质特点，而不是泛泛而谈。

二、国内乡村旅游概念辨析

国内对于乡村旅游的界定有很多的表述方式，不同的表述侧重点也有所不同，综合研究对比目前国内乡村旅游的概念，可以发现一些共性的内容。

乡村旅游是以乡野农村的风光和活动为吸引物，以都市居民为目标市场，以满足旅游者娱乐、求知和回归自然等方面需求为目的的一种旅游方式。乡村旅游就是发生在乡村和自然环境中旅游活动的总和。

乡村旅游是指以乡村空间环境为依托，以乡村独特的生产形态、民俗风情、生活形式、乡村风光、乡村居所和乡村文化等为对象，利用城乡差异来规划设计和组合产品，集观光、游览、娱乐、休闲、度假和购物为一体的一种旅游形式。

乡村旅游是以乡村社区为活动场所，以乡村独特的生产形态、生活风情和田园风光为客体的类型。

乡村旅游是以农业文化景观、农业生态环境、农事活动及传统的民俗为资源，融观赏、考察、学习、参与、娱乐、购物、度假为一体的旅游活动。

乡村旅游是以乡村地域以及农事相关的风土、风物、风俗、风景的组合而成的乡村风情为吸引物，吸引旅游者前往休憩、观光、体验以及学习的旅游活动。

以地方农业、农村自然环境和农村民俗风情三者为核心，与城市旅游相对立的，建立在乡村空间环境和乡村生产关系上的特殊旅游类型。

乡村旅游是指发生在乡村地域，以乡村田园风情、农业生产活动、农家生活和民俗文化等自然和人文景观为旅游吸引物的休闲、观光、游览及度假活动。

乡村旅游是指以乡村地区为活动场所，利用乡村独特的自然环境、田园景观、生产经营形态、民俗文化风情、农耕文化、农舍村落等资源，为城市游客提供观光、休闲、体验、健身、娱乐、购物、度假的一种新的旅游经营活动。

乡村旅游是指在乡村地区，以乡村自然和人文景观为吸引物，使旅游者领略农村乡野田园风光，体验农事生产劳作，了解风土民俗和回归自然，融观赏、考察、学习、参与、娱乐、购物、度假等为一体，能够满足旅游者求异、求知、求根等需求并能产生经济效益的旅游活动。

（一）强调乡村旅游发生的空间

几乎都会将空间作为概念的前提条件，认为乡村旅游是以乡村地区为活动场所；乡村旅游发生在乡村和自然环境，其以乡村空间环境为依托；乡村旅游多发生在乡村地区。

（二）强调乡村旅游依托的资源

乡村旅游是以乡野农村的风光和活动为吸引物；乡村旅游是以乡村独特的生产形态、民俗风情、生活形式、乡村风光、乡村居所和乡村文化等为对象；乡村旅游是以农业文化景观、农业生态环境、农事活动及传统的民俗为资源；乡村旅游利用乡村独特的自然环境、田园景观、生产经营形态、民俗文化风情、农耕文化、农舍村落等资源。几乎所有的概念都突出了乡村旅游依托的乡村自然、文化资源和生产生活资源。

（三）强调乡村旅游的活动和形式

目前的研究主要基于两个维度，一是强调泛化的旅游活动，认为乡村旅游就是发生在乡村和自然环境中的旅游活动的总和。乡村旅游是以满足旅游者娱乐、求知和回归自然等方面需求为目的的一种旅游方式，他们不注重旅游活动是否结合地域乡土文化。另一个维度强调具有乡村性的旅游活动，应利用城乡差异来规划设计和组合乡村旅游产品；应以乡村风情为吸引物，设计吸引旅游者前往休憩、观光、体验以及学习的旅游活动；乡村旅游是与城市旅游相对立的，是建立在乡村空间环境和乡村生产关系上的特殊旅游类型；乡村旅游应依托具有乡村性的资源，开展观光、休闲、体验、健身、娱乐、购物、度假的一种新的旅游经营活动。从这一维度的研究看，乡村旅游的活动和形式也应该是具有乡村性的。

（四）强调乡村旅游者

乡村旅游者进行乡村旅游活动的主要动机是接触大自然和体验乡村生活的方式，通过乡村风情或农事活动获得放松休闲、观光游览、体验及求知等的旅游活动。同时还强调了乡村旅游者的来源，乡村旅游是为城市游客提供观光、休闲、体验、健身、娱乐、购物、度假的一种新的旅游经营活动。可见乡村旅游是以都市居民为目标市场。可见，城市居民是乡村旅游者的主要构成，也是促进乡村旅游市场发展的最主要群体。

综合来看，国内乡村旅游的概念界定是通过尽可能归纳和概括乡村旅游的共同特征来实现的，依据乡村旅游活动体系，主要抓住了三方面的特点反映乡村旅游本质，即乡村旅游发生的地域特点、乡村旅游依托的资源特点和乡村旅游提供的活动特点。我国的国情是乡村人口众多、乡村地域广阔、乡村资源多样、乡村民俗丰富，要一一列举必然不全面，因而采用综合概括方法是科学的。现有乡村旅游概念基本属于广义范畴。与国外相比，不足之处在于没有强调乡村旅游与乡村社区之间的关系，需要进一步揭示。

三、乡村旅游概念

从以上乡村旅游概念的国内外演化和比较看，乡村旅游是有广义和狭义之分的。

从狭义的角度上，并非所有发生在乡村地区的旅游形式均为乡村旅游，旅游必须紧密地与乡村资源环境、乡村社区环境和生产生活环境相融合，才能称之为"乡村旅游"。也就是说，乡村旅游中的乡村要强调乡村性，尤其要强调乡村旅游的社区参与，因此乡村旅游必须是发生在乡村地区的（农村），与乡村生产生活密切关联（农业）的，注重社区参与的（农民）旅游形式。

随着时代的发展，乡村旅游概念的范畴在不断扩展，人们去乡村旅游已经不局限于与乡村性有关的活动，更多的是在乡村环境中的各种非城市的旅游体验，因此广义的乡村旅游概念更契合时代的发展和需求。广义角度的乡村旅游并不强调乡村社区的参与和活动，只是空间和资源上具有乡村性。把握乡村旅游的概念与内涵，应充分认识到以下属性。

（一）空间属性——旅游活动是否位于乡村地区

从地理角度来看，乡村是一个空间概念，它指的是以从事农业生产为主的劳动人民所住的地方，又称乡间聚居之地，与都市是相对的。乡村旅游也只能是发生在"乡村"这个空间里的旅游，与都市旅游相比，乡村旅游在内涵上是相对的，在空间上是互补的。

（二）资源属性——旅游活动的开展（旅游产品开发）是否依托乡村物质和非物质资源

乡村旅游资源是指存在于乡村的资源，因其所具有的审美和愉悦价值而使旅游者为之向往的自然存在、历史文化遗产和社会现象。因此，乡村旅游资源的范围较广，而不仅仅指农业旅游资源，即不仅包括乡野风光等自然旅游资源，还包括乡村建筑、乡村群落、乡村民俗、乡村文化、乡村饮食、乡村服饰、农业景观和农事活动等人文旅游资源；不但包括乡村景观等有形的旅游资源，而且包括乡村社会文化等无形的旅游资源。

（三）产品属性——从旅游活动内容上看

如果是属于根植于本地资源与乡村文化密切相关的乡村活动，我们称之为狭义的乡村旅游；如果是旅游者参与的任何旅游活动，则称之为广义的乡村旅游。在乡村旅游地区的活动可以是与乡村生产生活紧密相关的，即有乡村性的旅游活动；也可以与乡村的生产生活无关，不强调乡村社区的参与和活动。

基于上述对于乡村地域的认识，遵循乡村旅游概念的逻辑脉络，我们对乡村旅游做出如下定义：

从广义上讲，乡村旅游是发生在乡村地区，依托乡村资源开发观光、休闲、度假等旅游体验活动的一种旅游方式。

从狭义上讲，乡村旅游是发生在乡村地区，以自然资源、田园风光、乡村文化以及具有乡村性的农事生活和建筑景观为主要吸引物，以观光、休闲、度假、养生及各种乡村生活体验为目的的一种旅游方式。

简言之，狭义的乡村旅游特指发生在乡村地区，以具有乡村性的自然和人文客体为吸引物的旅游方式。

第二节　乡村旅游概念的延伸

由于依托资源基础和开发产品类型的交叉重合，在发展演化过程中，人们会将乡村旅游概念与农业旅游、生态旅游以及民俗旅游等概念相混淆，比如民俗旅游依托的文化资源基础会包含乡村文化，生态旅游依托的资源基础会包括乡村生态资源，它们在内涵和外延上既有交叉又各有侧重，为了更好地理解乡村旅游概念，需要对它们之间的关系加以梳理。同时，随着乡村旅游市场需求的升级，乡村度假群体涌现，乡村度假、乡村生活是乡村旅游深度体验的一种方式，也是我们需要界定清晰的概念。

一、乡村旅游与生态旅游的关系

生态旅游是目前旅游机构使用频率最高的词汇之一，也是旅游产品中增长最快的部分，但关于"生态旅游"的概念，国内外学者均没有形成统一的认识。有关生态旅游概念比较有代表性的有以下几种表述：

"生态旅游"这一术语，是由世界自然保护联盟（IUCN）特别顾问谢贝洛斯·拉斯喀瑞于20世纪80年代首次提出。国际生态旅游协会将其定义为：具有保护自然环境和维护当地人民生活双重责任的旅游活动。生态旅游的内涵更强调的是对自然景观的保护，是可持续发展的旅游。

通说认为，生态旅游是指去相对原始的自然区域，以欣赏、研究自然风光和野生动植物为目标，并能为保护区筹集资金，为当地居民创造就业机会，为旅游者提供环境教育，从而有利于自然保护的旅游活动。

国际生态旅游学会将生态旅游定义为：到环境得到保护、当地人的健康生活可持续的自然区域的负责任的旅游。

世界银行环境部和生态旅游学会将生态旅游定义为：有目的地前往自然地区去了解环境的文化和自然历史，它不会破坏自然，而且它会使当地社区从保护自然资源中得到经济收益。

《绿色环球21国际生态旅游标准》提出了生态旅游产品的八大原则：一是生态旅游的核心在于让游客亲身体验大自然；二是生态旅游通过多种形式体验大自然来增进人们对大自然的了解、赞美和享受；三是生态旅游代表环境可持续旅游的最佳实践；四是生态旅游应该对自然区域的保护做出直接的贡献；五是生态旅游应该对当地社区的发展做出持续的贡献；六是生态旅游尊重当地现存文化并予以恰当的解释和参与；七是生态旅游始终如一地满足消费者的愿望；八是生态旅游坚持诚信为本、实事求是的市场营销策略，以形成符合实际的期望。

生态旅游是以有特色的生态环境为主要景观的旅游，是指以可持续发展为理念，以保护生态环境为前提，以统筹人与自然和谐发展为准则，并依托良好的自然生态环境和独特的人文生态系统，采取生态友好方式开展的生态体验、生态教育、生态认知，并获得心身愉悦的旅游方式。

综上所述，生态旅游的概念至少在以下三个方面可达成共识，并以此与乡村旅游有所区分。

第一，生态旅游目的地（生态旅游景区）必须是相对原始的自然区域，以尽可能少受人类活动干预的区域为旅游地。所以，生态旅游理论上是排斥大量人类活动干预的，即便是规模化、产业化的现代农业生产活动也不例外。而乡村旅游并不排斥这一点，相反，甚至因为有这类活动的干预而使乡村旅游在产品形式和品质上更为多元和优质。当然，乡村旅游行为仍然是一种低干扰程度的行为体系，合理的乡村旅游应当具有较强的生态旅游特征。

第二，生态旅游有较高的"准入门槛"，其对旅游目的地和旅游者的选择同等重要。生态旅游往往对生态旅游者在其社会、经济和文化属性方面有特殊要求，学习和教育功能的体现是旅游者出游的重要目的，而生态旅游的观赏和娱乐功能会相对次要。而乡村旅游在这一点上并无明显区分，相反，其休闲娱乐功能有时还会略占上风。简言之，乡村旅游多数情况下人们是将其纳入"大众旅游"范畴的，至少其大众旅游的色彩略浓于生态旅游；而生态旅游是"选择性旅游"，对目的地和旅游者存在双重选择。乡村旅游是生态旅游中较为普通的相对大众化的旅游方式之一。

通说是以旅游活动发生的场所作为区分乡村旅游和非乡村旅游的重要标志。就旅游活动发生的场所而言，广义乡村旅游与一般与生态旅游有交叉，但并不重合。随着生态旅游概念的演化，出现了城市生态旅游，是指以城市地域内的自然风光和文化风情为基础，满足城市居民和外来游客需求，同时维护城市环境生态平衡和促进环保观念的一种大众化旅游活动体系，因此城市生态旅游在地域空间上与乡村旅游已经有了本质上的划分。

当然，乡村旅游与生态旅游亦有较大的重合空间。发达国家在乡村旅游中非常关注在开发的同时保护当地的自然环境，保护不同的乡村地区形成的不同的文化传统和民俗民风，重视当地居民对旅游的态度，以及对旅游者经历的影响。这些国家不仅关注乡村旅游开发带来的经济利益，还重视乡村旅游在乡村社区的发展、乡村环境建设，乡村旅游开发促进了当地社区的自然、社会经济的可持续发展，属于生态旅游的范畴。

二、乡村旅游与农业旅游的关系

农业旅游是指充分利用农业资源，以旅游内涵为主题而开发出的以农村独特的田园风光、农事劳作及农村特有的风土人情等为内容，将农业建设、科学管理、农艺展示、农产品加工及旅游者的广泛参与融为一体的新型旅游形式。

所谓农业旅游是指以农业生产过程、农村风貌、农民劳动生活场景为主要旅游吸引物的旅游活动。

由此可见，农业旅游的内涵并不包括分布于广大农村地区的名山大川、人文古迹的游览活动，而仅指以农业资源为依托而萌发出来的一种特殊旅游活动（项目），内容主要包括三个方面：一是农村独特的田园风光和人文景观，如金色麦浪、渔歌唱晚、牧场风情等；二是农事劳作，包括与农、林、牧、副、渔业等相结合的一些参与性较强的农事活动；三是农村特有的一些民俗和风土人情。另外，也有人把农业观光旅游定义为：以农业产业为依托，农业效益为主，旅游效益为辅，实现生产与观光功能兼容，提供见识农业生产的机会和欣赏田园风光的开放性农业。

由于乡村历来就是从事农业生产的地方，乡村旅游的活动与农事难以分割，而农业旅游就成了乡村旅游必不可少的组成部分。但是，就旅游的形式、内容、分布地域来看，游客不仅能在农业场地亲自参与和体验农家生活与生产，购买时鲜农产品和其他土特产品，还能够在广阔的非农地域从事游览观光、度假休闲等多样化的活动，可以说乡村旅游所包含和涉及的内容要比农业旅游要广阔得多、宽泛得多，乡村旅游的活动也比农业旅游的活动更成熟、分布地域更广泛，因此，农业旅游只是乡村旅游的一个类型。

乡村旅游是按旅游的地域空间来划分的一种旅游形式，农业旅游是按旅游对象来划分的一种旅游形式，与民俗旅游、古迹旅游、山水风光旅游等是对应的，它指的是以农业活动为基础、农业与旅游业相结合的一种新型农业产业形式。由于都市农业的出现（都市农业是位于都市中、都市郊区和都市经济圈以内，以适应现代化都市生存和发展需要而形成的现代农业），农业并不都发展在纯粹的乡村地区，所以农业旅游有时与乡村旅游并不一定发生在共同的地域范围之内。

伴随我国农业的转型升级，农业的产业功能和旅游内容也在深化和扩展，"农业+"正在不断融入人们的生活，农业+安全、农业+观光、农业+休养、农业+医疗等丰富的农业体验使得农业旅游将成为乡村旅游的重要的组成形式。

三、乡村旅游与民俗旅游的关系

民俗旅游是指人们离开经常居住地，到异地去以地域民俗为主要观赏内容而进行的文化旅游活动的总和。它属于文化旅游的一种。而所谓文化旅游，是指人们通过旅游或在旅游活动中了解和获取知识的活动。

对民俗旅游概念的理解，也是因人而异。民俗旅游是借助民俗而开展的旅游项目，如寻根祭祖、民间艺术表演、民俗展览、节庆活动、风味食品、旧式交通工具、住民房等，即到民间去旅游，到民俗氛围里去切身体会：陆景川认为，民俗旅游是一种高层次的文化型旅游，它欣赏的对象为人文景观，而非自然景观，任何一个国家、地区和民族的传统节日、婚丧嫁娶、建筑风格、民间歌舞都是民俗旅游的珍贵资源与欣赏对象。

民俗旅游是指游客被异域独具个性的民俗文化所吸引，以一定的旅游设施为条件，离开自己的居所，前往旅游地（某个特定的地域或特定的民族区域），进行民俗文化消费的一个动态过程的复合体。

关于乡村旅游与民俗旅游之间的关系说法不一，有些学者认为乡村旅游包括民俗旅游，其实不然。民俗旅游有多种分类方式，在《略论民俗旅游》一文中，作者从民俗旅游涉及的民俗范畴、民俗生活的空间、民俗旅游的产品性质以及民俗旅游产品的服务功能四方面进行了划分。其中根据民俗生活的空间，民俗旅游又可作市井民俗游、水乡民俗游、山村民俗游、渔村民俗游等划分，因此民俗旅游既可以在农村开展，也可以在城镇进行，故两者不是包含与被包含的关系，而是含有共同部分——乡村民俗旅游的关系。

四、乡村旅游与乡村休闲、乡村度假、乡村观光及乡村生活的关系

乡村休闲、乡村度假、乡村观光及乡村生活是乡村旅游在发展过程中存在的几种比较常见的概念说法，往往容易混淆，但是他们都是乡村旅游的重要形式，在乡村旅游发展过程中不可或缺，因此需要厘清这几种说法之间的关系。

度假旅游和观光旅游是相互关联的两个不同层面的旅游形式。观光旅游是旅游业发展的初期阶段，度假旅游是旅游业发展到高级阶段的必然产物。乡村观光最鲜明的特点是以到乡村"看"为主要形式，而乡村度假最鲜明的特点是以到乡村"养"为主要形式。从心理学的角度深度剖析旅游需求，观光旅游追求的是"刺激"，即通过"求新求异"获得刺激，从而获得与日常生活截然不同的体验，其主

要特点是追求感观的愉悦。而度假旅游是利用假日外出，以度假和休闲为主要目的和内容，进行精神和身体放松的康体休闲方式，它追求的是通过各种方式和活动获得生理和心理上的"放松"，从而恢复正常的生理机能和心理平衡。不过度假旅游和观光旅游有时也没有明确界限，游客在度假旅游中同样带有观光活动，两者是结合在一起的。

在最初的乡村旅游发展中，乡村观光的需求比较大，人们追求有别于城市的新奇观感，但快速的城市化进程使得人们也更加向往在乡村身心放松的体验，乡村度假成为乡村旅游深化发展的重要形式，与乡村观光共同为乡村旅游者提供丰富的旅游体验。

乡村休闲包含了乡村度假和乡村观光。古希腊哲学家亚里士多德被公认是第一位对休闲进行系统研究的学者，他所提出的"休闲是一切事物围绕的中心""只有休闲的人才是幸福的"等观点深刻地影响着西方文明的演化与发展，而后众多旅游学者继续对休闲进行研究，最终得出大家比较认同的休闲的含义：休闲是个人闲暇时间的总称，是指在非劳动及非工作时间内以各种"玩"的方式求得身心的调节与放松，达到生命保健、体能恢复、身心愉悦目的的一种业余生活，也是人们对可自由支配时间的一种科学和合理的使用，休闲活动是人们自我发展与自我完善的载体。

休闲是人们合理支配自己的闲暇时间，旅游行为是否发生与休闲方式不存在直接的联系；观光和度假则是站在旅游的角度去分析人们在闲暇时间时产生的初级和高级旅游行为。

从范围上看，作为人们对闲暇时间的利用方式，外出旅游、多样化文化项目、体育项目，甚至逛街、吃饭、喝茶、打牌、K歌都是休闲方式，休闲内容涵盖范围远比观光旅游和度假旅游大得多，旅游也仅是休闲的一个部分。

从时间和支出上看，休闲的时间可长可短，10分钟可以休闲，10天也可以休闲，弹性很大，因而休闲的支出也是从低到高，范围较广。而旅游则需要人们有较高的可支配收入和较长的闲暇时间，条件限制相对较多。休闲旅游是指以旅游资源为依托，以休闲为主要目的，以旅游设施为条件，以特定的文化景观和服务项目为内容，为离开定居地而到异地逗留一定时期的游览、娱乐、观光和休息。但不可否认的是休闲和观光旅游、度假旅游都已经成为人们生活中的重要组成部分。

因而乡村休闲包含的范围也比较广,在乡村所发生的所有休闲活动都可以称为乡村休闲,其时间可长可短,内容涉及观光、度假、生活等旅游形式,是一种最为普遍的乡村体验。

乡村生活是乡村旅游者去乡村体验具有乡村性的生活型旅游方式,这种体验包括乡村观光、乡村度假以及乡村休闲的体验形式和生活方式,但有的乡村活动并不属于乡村生活。比如去乡村观看大山大水,到乡村旅游度假区去放松身心,就不属于体验乡村生活的范畴;比如去乡村锻炼、作画等休闲活动也不属于乡村生活的内容。乡村生活最大特点是在乡村"住"下来,把乡村当作"家"进行短时期的生活体验。

第三节　乡村旅游分类

乡村旅游在长期的发展过程中形成了多角度多类型的划分,其细分类型的研究成果和进展反映了乡村旅游的发展方向和主要动态。国外相对注重对于乡村旅游内在机理的研究,乡村旅游的分类依据主要集中在乡村旅游资源、开发项目、游客动机以及成长协调机制等。而国内乡村旅游相对注重经营和参与,乡村旅游类型主要集中于开发依托、经营模式、发展动力、旅游资源等角度。其中按经营模式和旅游资源分类的占有很大比重,这表明中国乡村旅游正处在快速发展阶段,对于如何依托资源开发和经营乡村旅游是非常重视的。本书综合国内外乡村旅游分类依据,结合国内的乡村旅游实际,遵循是什么、谁来做、怎么做的逻辑关系,从乡村旅游的形成机理、依托的资源本底、区位条件和参与主体四个方面介绍我国乡村旅游分类,力求增强对乡村旅游的理解。

一、按形成机理分

根据各方在乡村旅游系统中所起作用的不同,将乡村旅游分为三种类型,包括需求拉动型、供给推动型及政策扶持型。

（一）需求拉动型

主要受市场需求的影响，一般位于城市及景区等客源地周边，在政府引导下农民或企业灵活发展，这一类型的资源本底也很重要，但不起决定性作用。

（二）供给推动型

主要受旅游供给的推动影响，发展成具有吸引力的乡村旅游目的地。这一类型与旅游资源关联度高，一般具有一定的经济基础，具备投入开发乡村旅游产品的实力，政府和村集体是主导者。

（三）政策扶持型

主要受政府政策推动和扶持作用的影响，通过精准扶贫、政策扶贫发展乡村旅游。主要分布于西部地区或贫困地区乡村，远离客源市场，但资源本底较好，发展乡村旅游具有一定的潜力。

二、按资源本底分

根据乡村旅游依托资源本底的不同，将乡村旅游划分为历史文化型（包含民族民俗）、自然生态型、农业元素型（产业型）。

（一）历史文化型（包含民族民俗）

依托古民居、古街巷、古民俗等历史文化价值高的乡村文化遗产，以文化的保护与再利用为核心，围绕文化遗存发展旅游，形成文化记忆浓厚、文化体验性强的文化主导型的乡村旅游发展模式。这一类型强调空间的聚拢性，一般位于交通不便、区域环境相对闭塞、自然山水优美、经济相对落后的区域，旅游活动受季节影响较小，淡旺季并不明显，因古村落、古民居、古街巷等遗产生活传承范围内，具有很强的文化传承性和不可再生性。政府主导型较多，便于统一风貌，处理开发与保护之间的关系，近年来社会资本也被逐渐引入。西递村和宏村是两个比较典型的历史文化型村落，都是世界文化遗产，典型的徽派风格并具有很强的可视性和可游性，在开发上西递村采用村集体经营方式，宏村采用外来经营方式，共同放大文化型乡村的综合价值，实现多方受益。其他的如阳朔、凤凰、呈坎、阳山等，都拥有深厚的文化基础和底蕴，已成为中国极具特色的乡村文化地。

（二）自然生态型

以原汁原味的乡村自然生态为核心吸引，构建欣赏乡村景观、认知自然、体验生态的旅游环境，充分展现乡村生态的景观美学价值、乡村居住的宜人价值、乡村文化的追忆价值与乡村生态的教育价值的乡村旅游发展模式。一般位于都市郊区，离市中心较远，是城市的"郊野公园"，山水生态环境清新一流，地方民俗独特，旅游发展从乡村生产生活区向周边自然山水环境范围进行延伸，旅游活动受季节影响较大，经营主体主要是农家乐农户、个体农庄，自发性较强，后期有外来企业进入。

（三）农业元素型（产业型）

以乡镇、村落为单位，依托原有或可引进的农业（农林畜牧）、工业（加工制造业）及文化服务业，围绕产业发展主题旅游，以主题产业的生产、生活旅游体验为特色，并构筑旅游要素发展，成为一定规模的主题特色产业，带动乡村产业结构调整优化，形成产业引导型的乡村旅游发展模式。一般依托于城市和大型景区景点，处于环城游憩带，特色产业旅游资源是关键，产业主题性强，因此旅游活动受农业产业时令影响大。乡村生活区向农业生产范围延伸，空间再塑性强，初期以政府资金为主，后期因产业壮大发展需求，以外来社会资金为主。三亚玫瑰谷以玫瑰种植为基础，建设婚纱摄影基地、打造休闲观光农业旅游产业、打造玫瑰衍生产品加工产业、建立全国香精香料集散地，分期建设玫瑰鲜花基地、玫瑰文化园、玫瑰风情小镇，走出一条"农业＋旅游＋玫瑰文化"的路子。其他的如蘑菇小镇、青蛙村、桐花村、柿子村、明月村等，依托当地特色产业深化延伸，形成了具有特色IP的乡村旅游经济代表。

三、按区位条件分

根据乡村旅游的区位条件，将乡村旅游划分为四种类型，包括中心城镇依托型、重点景区依托型、优势资源依托型和交通干线依托型。

（一）中心城镇依托型

分布于城郊或环城带，以中心城镇游客多次重游为主，依托中心城镇的配套服务和空间延伸，提供差异化、特色化的乡村旅游产品和服务。比较容易集聚，形成环城游憩带，与中心城镇形成共生关系，业态上以吃、住、娱为主。蟹岛绿色生态度假村依托北京的城市公共服务配套，发展农业休闲产业，集农业休闲观光、乡村娱乐、生态种植配送、都市农园等功能为一体，经过多年发展已经成为北京老牌的农业体验地。成都"五朵金花"依托成都的都市配套和大量游客群体，开展基于当地花卉产业的旅游体验，形成了产业和旅游双丰收的局面。

（二）重点景区依托型

分布于成熟景区周边，或内部，或自成景区，以景区客源一次性游览为主，属于景区部分功能和业态的外溢和延伸，发展食、住、购等业态作为所依托景区的补充，并且以景区为中心进行放射状分布，在业态上与依托景区相互补充，主要是餐饮、住宿和购物。

（三）优势资源依托型

区位相对独立，依托具有竞争力和绝对优势的资源，比如可视性强的景观资源，集聚特色的文化遗产或是富有竞争力的产业形态，通过外来的资本注入、客源导入等实现快速发展，以自身为中心向周围辐射进行自我生长，形成集聚区或功能区、目的地，未来可向景区依托型转变。

四、按参与主体分

根据乡村旅游参与主体在乡村旅游活动中所起作用的不同，将乡村旅游划分为四种类型，包括农民主导型、政府主导型、混合型。

（一）农民主导型

农民对自己所拥有的旅游资源进行管理，自主、分散、独立经营，各自承担经营风险，并独享经济收益。该类型能最大限度地维护农民的利益。根据实际经营结构组织的不同，可细分为"农户+农户"、个体农庄、村集体三种农民主导的乡村旅游经营模式。

（二）政府主导型

由政府直接（成立管委会）统筹规划开发与运营管理，以旅游发展收益反哺资源保护投入，并为当地居民提供就业机会，促进农民增收。随着市场经济的发展，政府统筹运营管理的乡村旅游项目中，也出现了市场化运作的现象，即政府成立旅游开发公司，执行乡村旅游项目的市场运营工作。

（三）混合型

乡村旅游的开发运营进入优化调整期，从前期的农民主导型、政府主导型、企业主导型转向混合型，即由农民、政府、企业、投资商等多方共同参与乡村旅游的开发运营管理，充分发挥各类主体的独特经营优势，避免了单一主体主导的局限性，多方通力协作，合理协调不同相关者的利益诉求，优化运营管理机制，并提升乡村旅游资源利用率。根据实际经营组织结构的不同，可细分为股份制和合作社制两种经营模式。

第二章 乡村旅游设施建设

第一节 乡村旅游设施建设的原则与要求

一、乡村旅游设施的内涵

(一) 乡村旅游设施的含义

在乡村旅游业的发展中,乡村旅游设施是不可或缺的物质基础。所谓乡村旅游设施,就是为了适应旅游者在乡村旅行游览过程中的需要而建设的各项物质设施的总称。

(二) 乡村旅游设施的构成

通常来说,乡村旅游设施可以细分为以下几类。

1. 乡村旅游交通设施

从某种程度上来说,没有交通也就没有乡村旅游,而且交通通达深度、交通设施的完善程度、交通服务质量是乡村旅游业发展的前提条件，也在很大程度上决定着乡村旅游能够吸引的旅游者数量。因此，在乡村旅游设施中，交通设施占有十分重要的地位。乡村旅游交通设施包括乡村外部交通（即从旅游客源地到乡村旅游目的地所依托的中心城市之间的交通）、乡村内部道路（即乡村旅游目的地内部的交通）、停车场、服务驿站、特色风景道、指引系统等。

2. 乡村接待服务设施

乡村接待服务设施涉及住宿、餐饮、娱乐、购物等多个方面，可以说是乡村旅游者使用量最大的一类乡村旅游设施。乡村接待服务设施的建设情况，将会对乡村旅游者的旅游体验产生重要的影响。

3. 乡村环卫设施

乡村环卫设施是乡村旅游便利性的重要保证，而且乡村环卫设施的建设情况在很大程度上影响着旅游者的旅游体验。一般来说，供水设施、供电设施、给排水设施、垃圾收运设施、旅游厕所等都属于乡村环卫设施。

4. 乡村信息服务设施

乡村信息服务设施是乡村旅游目的地为了使旅游者及时对乡村旅游信息进行了解而建设的，主要包括导览标识系统和通信设施两大类。在当前的信息时代，必须高度重视乡村信息服务设施的建设与升级。

（三）乡村旅游设施的重要性

在乡村旅游的发展中，乡村旅游设施有着十分重要的作用，具体表现在以下几个方面。

1. 乡村旅游设施影响旅游者的旅游体验

乡村旅游景点的设施如果不够完善，那么旅游者在整个旅游过程中的体验会变差。如此一来，旅游者对该乡村旅游景点的认可度便会下降，再次前来的可能性也会大大降低。而旅游者的减少,又会导致乡村旅游景点收入的减少,从而影响乡村旅游业的进一步发展。

2. 乡村旅游设施是乡村旅游品质的重要载体

乡村旅游设施涉及的内容是十分广泛的,而且在很大程度上影响着乡村旅游的品质。乡村旅游设施只有具备了较强的功能性和独特性,才能使乡村旅游的高端品质得到有效凸显。

3. 乡村旅游设施展现乡村旅游的风貌

乡村旅游设施是乡村旅游整体形象和细节特色,即"乡土味"的重要展现。而乡村旅游设施与乡土特色的结合,对于展现乡村旅游风貌具有重要作用。

二、乡村旅游设施建设的基本原则

乡村旅游设施建设所追求的并不是豪华、舒适,而是能够与当地农民的生活进行有机融合,能够最大限度地保持和突出当地的特色,并具有自然、朴素的特点。同时,在进行乡村旅游设施建设时,必须注重满足乡村旅游者的需要。要实现这一点,在建设乡村旅游设施时必须切实遵循以下几个原则。

(一)闲置性原则

乡村有着极为广阔的地域且变化十分缓慢,因此在乡村发展过程中出现的宗祠、农舍、水井、水塘、简易生活设施等闲置的文化遗存通常能够长时间保留。而在发展乡村旅游的过程中,可以充分利用这些闲置的文化遗存来建设乡村旅游设施。这不仅能够减少乡村旅游建设的成本,提高乡村闲置文化遗存的利用率,而且能够尽可能减少乡村旅游设施的人工痕迹,提高旅游者的乡村旅游体验感。

近年来,随着大量的农村劳动力进城务工,乡村的闲置空间不断增多,包括房舍、仓库、田地等。此外,乡村本身就具备不少的基础设施,如对外联系的道路、餐厅、步道、凉亭、路标、垃圾桶等。这些设施物都是乡村旅游设施的重要组成部分，重建的话不仅需要大量的资金而且人工化的痕迹很重。若是通过利用、改善原有的设施物来进行乡村旅游设施建设，如将仓库改作乡村旅游服务中心，则不仅花费少、对环境的冲击小，而且能够与自然有机融合。

（二）乡村性原则

乡村旅游设施并不是刻意雕琢的人工景观，而是注重将乡村风貌与乡土文化进行有机融合，以展现出人与自然的和谐相处。因此，在建设乡村旅游设施时，必须遵循乡村性原则，具体体现在以下几个方面。

第一，在建设乡村旅游设施时，可以对乡村老房子的建筑方式进行借鉴。这是因为，乡村老房子的建设成本比较低，而且建筑材料容易获得，也方便施工。

第二，在建设乡村旅游设施时，要切实以乡村环境为依托，以便旅游者能够在旅游过程中充分体验浓郁的乡土气息以及乡村整体环境的和谐美感。

第三，在建设乡村旅游设施时，要切实体现一个"农"字，即乡村旅游设施要能够充分体现农家氛围。

（三）自然性原则

自然性原则指的是在建设乡村旅游设施时，要注重人与自然的有机融合，尽可能保证乡村旅游设施的建设材料要么直接从自然中获得，要么通过农民的生产获得，如木头、砖块、麦秸等。此外，在建设乡村旅游设施时，所选择的建筑材料要做到无毒、无腐蚀性，且能够回收利用。

（四）经济性原则

在进行乡村旅游设施建设时，要在充分考虑自身经济状况的基础上，尽可能降低建设的费用，并要确保建设好的设施能够为乡村旅游的发展带来良好的经济效益。这便是乡村旅游设施建设的经济性原则。

在建设乡村旅游设施时，之所以要遵循经济性原则，一个重要的原因便是乡村旅游设施的建设费用主要来自乡村旅游的投资商以及融资所得，而不论是进行乡村旅游投资还是融资，最终目的都是获得经济效益。在当前，随着乡村旅游业的迅速发展，越来越多的投资商进入这一领域，并出现了外商投资、负债融资、权益融资、股权融资、社会集资等投融资模式，从而使乡村旅游的投融资逐步进入了发展的"黄金期"。同时，乡村旅游投融资的进一步发展，使得可用于乡村旅游设施建设的资金比重逐年提高，乡村旅游设施得以顺利建设。而乡村旅游设施的顺利建设，必将带动乡村旅游的健康发展，继而使乡村旅游的投融资获得回报。

三、乡村旅游设施建设的总体要求

在进行乡村旅游设施建设时，除了要遵循一定的原则，还要符合以下几个总体性的要求。

（一）乡村旅游设施建设要注意多做"减法"，少做"加法"

一提到乡村旅游设施建设，绝大多数人们首先想到的是要新建哪些设施，很少会想到现有的设施是否存在冗余的情况，是否需要适当拆除一些。事实上，在已有的乡村旅游设施中，不乏对自然环境有害的、重复建设的设施。对于这些乡村旅游设施，必须要予以拆除，以确保乡村环境的保护以及乡村旅游业的可持续发展。

也就是说，乡村旅游设施建设要注意多做"减法"，少做"加法"。

（二）乡村旅游设施建设的基调必须是单纯朴实的

在进行乡村旅游设施建设时，应自觉地追求单纯、朴实、自然的基调，切不可将乡村旅游设施建设得过于豪华与富丽堂皇，即过于"洋气"。只有这样，才能确保所建设的乡村旅游设施与乡村旅游的内涵相统一，才能有效保护当地的资源和环境，才能使旅游者在旅游过程中切实获得返璞归真的体验。

（三）乡村旅游设施建设必须注重保护乡村环境

自然生态是乡村旅游产品的核心，厌烦了城市喧嚣的城市居民到农家就是为了亲近自然、享受自然。因此，在进行乡村旅游设施建设时，既要设计出有特色的乡村旅游设施，又要注重对乡村环境的保护，尽可能做到与自然环境有机融为一体。

第二节 乡村旅游交通与游憩设施建设

一、乡村旅游交通设施的建设

乡村旅游交通设施的定义是如下：游客出入乡村旅游区以及在其内完成游览、体验服务时所利用的各类道路网络、交通工具及配套设施。

（一）乡村旅游交通设施建设的关键因素

在进行乡村旅游交通设施建设时，要特别注意以下几个关键因素。

1. 可进入性

利用特定的交通系统，从某一区位到达指定活动区位的便捷程度，便是可进入性。交通最基本的特征便是具有可达性，它是连接旅游集散地和乡村旅游目的地的重要途径。因此，在进行乡村旅游的各类道路网络建设时，要确保其具有良好的可进入性。为此，必须要做好用于连通乡村旅游景点至外部城镇或连通该地区干线、支线公路的建设，它是吸引旅游者进入乡村旅游的基础。

2. 功能性

在对乡村旅游区内的车道进行规划时，要首先考虑的是采用人车隔离还是人车共存。采用人车隔离的车道规划，既能够保证汽车的顺畅行驶，也能够保护行人的安全。而采用人车共存的车道规划，就是在不对行人的步行以及沿街居民的生活造成威胁的前提下，允许汽车通行，但尽量不要让"穿过性"交通入内，并要对汽车的车速进行限速，以免出现威胁行人和居民安全的情况。为此，在对车道进行规划时，路面必须采用车辆进入须慢行的设计构造。

3. 规范性

在进行乡村旅游交通道路建设时，要特别注意道路的规范性、合理性和细枝末节的联通性，以切实形成为旅游和生活服务的乡村交通网络。此外，在进行乡村旅游交通道路建设时，要注意以《公路工程技术标准》和《绿道规划设计导则》为技术指导，以切实确保所建设道路的质量。

4. 秩序性

在进行乡村旅游交通道路建设时，必须要建立清晰的秩序，让旅游者感受到一种愉快的空间和景观意象。为此，在进行乡村旅游交通道路建设时要切实考虑以下几个问题。

第一，出入口与基地周围动线系统的联结。

第二，汽车与行人尽量避免冲突。

第三，与基地停车场或服务区相配合。

5. 体验性

在进行乡村旅游交通设施建设时，要注重体验性的设计，具体如下。

第一，要注重乡村旅游交通线路的体验性设计。这能够进一步增强乡村旅游的趣味性，继而延长旅游者的旅游活动时间，促进乡村旅游的进一步发展。

第二，要注重乡村旅游交通工具的体验化，因地制宜地扩展诸如索道、游船、滑竿、骑马等体验性活动项目，增加共享单车等类型的交通工具。

6. 安全性

在进行乡村旅游交通设施建设时，要切实考虑到安全性这一因素，即要根据不同道路的性质和特点，合理选择道路平面形式、断面形式，路面结构、材料等，保证车辆、行人交通的安全和畅通。

7. 景观性

在进行乡村旅游交通设施建设时，要强化自然和文化的特点，注意道路的景观设计与沿线自然条件和建筑物相协调，同时注意道路绿化的整体性和连续性。

8. 可持续性

在进行乡村旅游交通设施建设时，应重视建设过程中的生态要求，确保所建设的乡村旅游交通设施在不破坏生态环境的同时，能够实现可持续利用。

（二）乡村旅游交通设施的具体建设

1. 步道的建设

在乡村旅游规划中，步道是不容忽视的一个组成部分。通常来说，步道就是引导旅游者穿越特定户外空间而使用的林荫道、广场和绿地。因此，步道的建设情况，将会对整个乡村旅游活动的效果产生重要的影响。要建设一条好的步道，安全因素是首先要考虑的问题，其次要确保步道的宽度、斜坡适当，表面装饰材料能够防滑且具有耐久性，最后要注意步道的两边需有良好的景观效果、供行人休息的座椅，步道周边的植物、铺面、水池、喷泉等景致也需精心考虑，这对于增强旅游者的美感体验具有重要的作用。此外，在进行步道建设时，必须要做好以下几方面的工作。

（1）要做好步道的线路设计。步道的线路设计情况，会对旅游者的旅游体验产生重要的影响。因此，在进行步道的线路设计时，要做到有入景、展开、高潮、结尾部分。其中，入景要新奇，引人入胜；展开指在景象特征、景观类型、游览方式和活动上不断变换，起伏跌宕，使旅游者流连忘返；高潮是在游览中使旅游者感受最集中、最突出、最有特色的景观，应利用游览线路对主景进行泄景，使之若隐若现，待成熟时达到高潮效果；结尾，使旅游者感到回味无穷。此外，从具体建设施工的技术环节来看，步道的线路设计应特别注意以下几个方面。

第一，步道的线路宜曲不宜直，宜险不宜夷，宜狭不宜宽。也就是说，在进行步道的线路设计时，要尽可能以景观的自然特点为依据，并充分保持景观的自然风貌，使旅游者在游览过程中能够不断变换游览视线，如登山、涉水、穿林等。如此一来，旅游者便能获得多样化的旅游体验，游览乐趣也会大大增加。

第二，步道的线路要尽可能设计为环形的，这样旅游者在游览过程中不用走回头路，能够始终保持游览的新奇感。

第三，步道线路的进出口设计要合理，尽可能避免拥挤的现象，而且要便于疏散旅游者。

第四，步道要注意坡度及台阶的设计。在保证路基稳定的情况下，步道应尽量利用原有地形以减少土方量。坡度超过12%时，要做防滑处理；坡度超过18%时，为了便于行走，需设适合游客步履的台阶。通常来说，室外踏步高度设计为12～16cm，踏步宽度为30～35cm，低于10cm的高差可以做成坡道。台阶计数宜在8～11级，最少不少于3级，最多不超过19级。台阶长度超过3m或需改变攀登方向的地方，应设置休息平台，供旅游者中途休息。

第五，步道的线路若是要穿过水面风景，则要注意将桥或浮桥作为重要的设计元素，以便在点缀景色、增加风景层次的同时，进一步丰富旅游者的旅游体验。其中，桥的架设要以水面的形式以及周围环境的特点为依据，如小水面的，所架桥型应轻快质朴，通常为平桥或微拱桥；水面宽广或水势湍急的，应设高桥并带栏杆，利用桥的倒影或曲折的桥身来增添水面景色；水面平缓的，应使桥体造型多变，一般可不设栏杆，或一边设栏杆，架桥低临水面，以便旅游者能够亲近水面，获得良好的旅游体验。浮桥是一种活泼、简洁的"桥"，在运用于线路设计中时要注意表现出韵律的变化。

第六，步道的周围要注意景观的打造。乡村特有的动物或植物作为乡村的典型特征，可以应用到步道景观的营造上。这也能够更好地展现乡村风情，从而给旅游者留下更为深刻的印象。

（2）要做好步道的横断面设计。步道的横断面，也就是步道的宽度。一般来说，单人行的步道宽度为0.8～1.0m，双人行的步道宽度为1.2～1.8m，三人行的步道宽度为1.8～2.2m。

（3）要选择合理的路面材料。乡村旅游景点的步道必须坚固耐磨，且具有平滑的纹理和防滑的功能。为此，要注意选择合理的路面材料。通常来说，步道的路面材料有柔软和坚硬之分。表面柔软的材料如碎石、草皮、木材、卵石等，在前期的建造费用是比较低的，但在后期进行维护时比较麻烦，且需要较高的费用。此外，这些表面柔软的材料很容易磨损，且不便于残疾者使用。因此，在乡村旅游景点的步道上运用这些路面材料时，要注意将其应用于行人流量不多的地方。表面坚硬的材料如沥青、混凝土、预制板等，在前期需要较高的建筑费用，但后期维护比较容易，且花费不高。另外，这些表面坚硬的材料平滑、坚实，可供车辆必要时通行。因此，在乡村旅游景点中若有车辆通行的道路，就需要采用这些表面坚硬的材料。

2. 机动车游览道路的建设

在乡村旅游交通设施的建设中，机动车游览道路的建设可谓是重中之重。它既要承担乡村旅游景区交通集散的功能，又要承担一部分游览观赏功能。在进行机动车游览道路的建设时，必须要做好以下几方面的工作。

（1）要做好机动车游览道路的线路设计。在进行机动车游览道路的线路设计时，应特别注意以下几个方面。

第一，机动车游览道路的平面线形应径直、连续、流畅，并要安全舒适。

第二，机动车游览道路的线路要与地形相适应，并能与周围的环境保持协调一致。

第三，机动车游览道路既要满足汽车行驶的基本要求，也要满足驾驶者和旅游者在视觉方面的要求，即能够让驾驶者和旅游者获得良好的视觉和美好的景观感受。

第四，步道要注意坡度及台阶的设计。在保证路基稳定的情况下，步道应尽量利用原有地形以减少土方量。坡度超过12%时，要做防滑处理；坡度超过18%时，为了便于行走，需设适合游客步履的台阶。通常来说，室外踏步高度设计为12~16cm，踏步宽度为30~35cm，低于10cm的高差可以做成坡道。当遇特殊困难纵坡度小于0.3%时，应设置锯齿形偏沟或采取其他排水措施。

第五，机动车游览道路要控制好平均纵坡度，当越岭路段的相对高差为200~500m时，平均纵坡度宜采用4.5%；当相对高差大于500m时，宜采用4%；任意连续3000m长度范围内的平均纵坡度，不宜大于4.5%。

第六，机动车游览道路应成为乡村风情的串联通道，即所设计的机动车游览道路应注重对民风民俗等乡村文化的展现，并注意通过乡村文化主题宣传、特色标识牌、特色文化展示等方式，构建融山水画卷、田园风光、历史文化、民俗风情等于一体的游览线路。

（2）要做好机动车游览道路的横断面设计。机动车游览道路的横断面主要有两种形式，即单幅路和双幅路。其中，单幅路是将双向行驶的车辆都组织在同一车道上，且通过道路标线对快慢车道进行划分，使车辆分道行驶。在不会破坏交通秩序且不会对交通安全造成影响的情况下，可以对快慢车道进行调剂使用。通常来说，当路段的交通量相对较小或是道路用地难以扩展时，可以采用单幅路这一道路横断面形式。

双幅路相比单幅路来说，是将双向行驶的车辆分为上下两道，因而使在行驶过程中更为安全。通常来说，双幅路适用于三种路段：一是双向机动车交通量都较大的路段；二是车道中心设置绿化带进行隔离的路段；三是双向车道不在同一高程上的路段。

（3）要选择合理的路面材料。在建设乡村旅游的机动车游览道路时，最重要的是确保其能够与行车安全要求相符合。为此，在选择机动车游览道路的路面材料时，要充分考虑材料的坚固性、平稳性、耐磨性以及承载力。此外，还要考虑到材料应有一定的粗糙度，并且少灰土、便于清扫。通常来说，沥青混凝土、黑色碎石加沥青砂封面、水泥混凝土或预制混凝土块等，都是较为理想的机动车游览道路的路面材料。

3. 自行车游道的建设

在我国，自行车可以说是一种极具特色的交通工具，且具有多种优点，如费用低、无污染、占用面积小、节省能源等。在乡村旅游中，完全可以将自行车作为一种重要的旅游交通形式，让旅游者在观赏风光的同时达到休闲健身的目的。为此，需要进行自行车游道的建设。在这一过程中，必须要做好以下几方面的工作。

（1）要做好自行车游道的线路设计。在进行自行车游道的线路设计时，应特别注意以下几个方面。

第一，在进行自行车游道的线路设计时，要充分考虑到景观资源的状况、地形以及气候等因素，尽可能体现出一定的地方特色。

第二，在进行自行车游道的线路设计时，要充分考虑到安全性，不可穿越地质不稳定的区域。

第三，在进行自行车游道的线路设计时，要充分考虑到生态性，不可穿越重要动植物栖息地等环境敏感区，以免造成生态环境的破坏。

第四，在进行自行车游道的线路设计时，要尽量配合地形，尽可能将对地形地貌的破坏降到最低。

第五，在进行自行车游道的线路设计时，要考虑到周围风景的多样性，因而最好设计成环路。

第六，在进行自行车游道的线路设计时，不能忽视引导设施、服务设施、交通管制设施的建设。

第七，在进行自行车游道的线路设计时，要注意在适当的位置设置休憩平台或水平车道，以供旅游者休息。

第八，在进行自行车游道的线路设计时，要充分考虑到游道的坡度。通常来说，坡度以小于5%为宜，最好不要超过8%，其中坡度超过2%的路径不宜超过4km，坡度超过4%的路径不宜超过2km，若有特殊高差必须克服，也尽量不超过12%。

（2）要做好自行车游道的横断面设计。在进行自行车游道的横断面设计时，应特别注意以下几个方面。

第一，自行车游览道的路面宽度应按车道的倍数计算，而车道数应按自行车高峰每小时的交通量来确定。通常来说，为保证道路的整体性，同一乡村景区的自行车游览道路应采取相同的宽度标准。一般每条车道的宽度宜为1m，靠路边的和靠分隔带的一条车道侧向净空宽度应为0.25m。自行车道路双向行驶的最小宽度宜为3.5m，若混有其他非机动车时，单向行驶的最小宽度应为4.5m。

第二，在自行车游览道的曲线转弯处，要充分考虑其曲率半径，并适当加宽自行车道转弯的内侧。

第三，自行车游道除了要有舒适、景观优美的车道行驶空间，还要有自行车停放空间以及休憩停留空间等。

第四，自行车游道的两侧要做好边坡、护栏、排水、照明、绿化等相关设施的建设。

（3）要选择合理的路面材料。在建设自行车游道时，路面材料要优先考虑透水性铺设材料，在透水性不佳的地方，可以在碎石层下增设过滤砂层，并增加级配碎石厚度至15cm以上。为避免车轮打滑，路面铺设应避免与车行方向平行的勾缝，垂直方向的勾缝宽度不得大于12mm，且道路表面的平整度上下之差不得大于20mm。

此外，在建设自行车游道时，所选择路面材料要具有耐久性、经济性，且维护起来较为容易。此外，所选择的路面材料的表面质感与原始色泽要尽可能与环境相融合，以免过于突兀。

4. 停车场的设计

在对停车场进行设计时，应特别注意以下几个方面。

第一，在对停车场进行设计时，设计风格要尽可能与乡村旅游区（点）的整体造型保持协调一致。

第二，在对停车场进行设计时，要注意根据车型合理地安排车位基础层的厚度，通常游览车位的基础层厚度要大于小型车。

第三，在对停车场进行设计时，要尽量选择原本就平坦的空间，以减少人工的痕迹以及人工的建筑成本。

第四，在对停车场进行设计时，要注意采用透水软底的铺面材质，以便增加土壤的含水量。同时，要注意在不同功能的车道、车位及步道上，以不同铺面材质加以区分。但是，不论采用哪种铺面材质，都要确保其具有耐候性、耐压性、耐磨性及易维护性。

第五，在对停车场进行设计时，不能忽视绿化造景。停车场的绿化造景要能够切实发挥绿化的效果，并能够与周围的环境有机融合。

第六，在对停车场进行设计时，要尽可能选择坡度平缓、排水性良好的地点，并要考虑到旅游者可以接受的步行距离。

第七，在对停车场进行设计时，要注意与交通线进行紧密配合，并确保车辆的进入不会影响主要交通路线的通畅。

第八，在对停车场进行设计时，可以考虑采用路边停车的形式，且尽可能采用斜角停车的方式。

第九，在对停车场进行设计时，要注意留有一定的弹性停车空间，以免旺季时出现无法停车的现象。

第十，在对停车场进行设计时，要注意应在村庄主入口或游客接待中心附近区域设置大型生态停车场（可供旅游大巴车停放），村庄内可根据需要设置小型生态停车场。

二、乡村旅游游憩设施的建设

乡村旅游游憩设施是供旅游者观景及休息时的建筑物和坐具，它们的存在可使旅游者在旅游环境中停留更长的时间。

（一）乡村旅游游憩设施建设的原则

在对乡村旅游游憩设施进行建设时，需要遵循一定的原则，具体如下。

1. 要展现乡土气息和地域风貌

在建设乡村旅游游憩设施时，要确保其在外观方面能展示出浓郁的乡土气息和地域风貌，能够对区域范围内整体景观起到点缀的作用。乡村游憩设施不应等同于城市的现代化景观，应以乡村环境为依托，营造出传统农耕社会的乡野之趣、田园之乐，保留单纯、质朴的乡村审美意味。

2. 要体现原生态

在进行乡村旅游游憩设施建设时，要尽可能体现原生态。因此，乡村旅游游憩设施的建筑材料应取材天然，或选用当地特有的建筑材质，体现地域特征。一般情况下，可以选择原木质地、石材质地，甚至是秸秆稻草或海边地区的海草也都可以营造不同的建筑风格，还能带给旅游者天然纯粹的原生态体验。

3. 要注重与环境的协调融合

乡村游憩设施应秉承师法自然、天人合一的传统理念，体现出建筑与自然的高度和谐。

通常来说，游憩设施应兼具实用与美观的双重功效，而所谓的美观并不是奢华铺张，而是可以与当地的自然或人文环境融为一体，能够成为地域乡村风貌的展示载体。因此，在进行乡村旅游游憩设施建设时，在选材上要注意尽量体现乡土气息，在格局样貌上则要注意融入当地民俗文化中的一些特有元素。

（二）乡村旅游游憩设施建设的内容

在进行乡村旅游游憩设施建设时，通常来说包括以下几方面的内容。

1. 休憩座椅

休憩座椅是满足乡村旅游旅游者休息需要的最基本配置，也是乡村旅游区的重要构成元素。为了能够给旅游者提供舒适干净、稳固美观的休憩环境，休憩座椅在外观设计、位置设立、材质选择等方面都要综合考虑。

（1）休憩座椅的外观设计。为给旅游者提供舒适的休息环境，休憩座椅在外观上应与人体的生理需求相符合。因此，在对休憩座椅的外观进行设计时，要科学设计休憩座椅的高度、宽度、靠背以及表面等。一般座椅设计平均高度离地面约46cm，宽度30~46cm，同时座椅表面与靠背要与人体曲线相适合。

（2）休憩座椅的位置设立。

第一，休憩座椅在方位上应采用面对面或垂直排列，以方便旅游者之间进行交流。

第二，休憩座椅要尽可能布置在乡村旅游区的步行道、广场等位置。

第三，休憩座椅的周围尽可能搭配树木或墙壁等，以便旅游者能够获得安稳的感觉。

第四，休憩座椅最好设置在树荫下，还要注意配置独立的遮阳伞，以满足旅游者遮阳或避雨的需求。

（3）休憩座椅的材质选择。休憩座椅在材质选择上应尽量与乡村旅游区内的自然环境特性相配合，采用天然材质，如木料、石料、藤制品等，使其能够与周围环境相得益彰，体现美观与实用兼顾的原则。

2. 观景平台与凉亭

旅游者在游览过程中，往往需要能够进行短暂休憩的场所，并且希望在这一场所观赏到特殊的景观。因此，在进行乡村旅游游憩设施建设时，要重视平台与凉亭的建设。

通常来说，凉亭可以作为旅游风景中的一种点缀，且能够让旅游者遮阳避雨。但是，凉亭的建造成本是比较高的，且有较高的地形条件要求。同时，凉亭的建造必须要兼具实用性和观赏性，建设的要求也比较高。而观景平台的建设相对简易，且适于选择在视野开阔、景色怡人的特殊地点，可让旅游者在游览过程中止步于此，赏景小憩。此外，在进行观景平台建设时，必须要做好安全防护的设施和提醒。

在乡村旅游建设中，应综合考虑修建成本和旅游者休憩需求两方面的因素，对观景平台与凉亭进行结合使用。同时，在外观设计与主材料选择方面，可以木材、石材等天然材质为主，体现质朴、原始的乡土气息。

第三节　乡村旅游给排水与垃圾收运设施建设

一、乡村旅游给排水设施的建设

在乡村中，水是非常重要的一个要素，事关乡村的生存与发展。因此，在进行乡村旅游设施建设时，给排水设施的建设应特别注意以下几个方面。

（一）要优先实施区域供水

区域供水指的是水源相对集中、供水范围覆盖多个区域、管网连成一片的供水系统。

城乡统筹区域供水，可以确保水资源得到有效利用，并能有效保障农村供水的水质、水量。因此，在统筹城乡建设工作中，统筹城乡区域供水被认为是一项重要的工作。靠近城镇和区域供水管网的村庄要优先选择区域供水管网延伸供水，加快推进供水管网进村、入户。在测算用水量时，应当考虑旅游接待旺季时的需求。

(二) 要保障饮用水安全

在进行乡村旅游的给排水设施建设时，要切实保障饮用水安全，为此要注意做好以下几方面的工作。

第一，要做好集中式给水工程的建设，以确保饮用水的供给充足。若是无法实现集中式给水工程的建设，则要选择单户或联户分散式给水方式，采用手动泵或小型水泵供水。

第二，要确保水源周围的环境卫生，而且给水厂站生产建筑物和构筑物周边30m范围内应无厕所、化粪池和畜禽养殖场，且不得堆放垃圾、粪便、废渣和铺设污水管道，以免饮用水被污染。

第三，要确保生活饮用水都经过了消毒处理，同时所有与生活饮用水接触的材料、设备和化学药剂等应与国家现行有关生活饮用水卫生安全规定相符合。

第四，饮用水的供水管材应选用PE等新型塑料管或球墨铸铁管，并要及时更换年久失修或漏水严重的管道，以免对饮用水造成污染。

(三) 要做好雨水的收集与排放

在进行雨水的收集与排放时，可以充分利用地形，以自流方式及时就近排入池塘、河流等水体；也可以根据实际采用沟渠、管道收集或就地自然排放雨水。

一般来说，在采用管道收集雨水时，管材可采用混凝土管、硬聚氯乙烯塑料管、高密度聚乙烯塑料管等，管径一般为直径300~400mm，每隔20~30m设置雨水检查井。在选择沟渠排放雨水时，断面一般采用梯形或矩形，可选用混凝土或砖石、条（块）石、鹅卵石等材料砌筑。此外，要注意做好排水沟渠的日常清理与维护工作，防止排水沟渠被生活垃圾、淤泥等所堵塞。

(四) 要做好污水处理

乡村旅游的发展，不仅为农村带来了可观的旅游收入，而且为农村带来了大量的污水。而大量污水的存在，不仅会影响农民的日常生活，而且会制约乡村旅游的可持续发展。因此，在进行乡村旅游给排水设施建设时，必须做好污水处理工作，具体可从以下几方面着手。

第一，城镇周边和邻近城镇污水管网的村庄，应优先选择接入城镇污水收集处理系统统一处置。

第二，村民居住相对集中的规划布点村庄，可以通过建设小型污水处理设施的方式，对污水进行相对集中的处理。通常来说，村庄小型污水处理设施的处理工艺应经济有效、简便易行、资源节约、工艺可靠。一般宜采用"生物—生态"组合模式，推荐选用"厌氧池—自流充氧接触氧化渠—人工湿地""厌氧池—脉冲生物滤池—人工湿地""厌氧池—风帽滤池—人工湿地"等工艺；有条件的村庄也可选用"水解酸化—好氧生物处理"等处理效率较高、运行费用较高的传统生化处理工艺；位于环境敏感区域并对排放水质要求高的村庄，可选用膜生物反应器等工艺。

第三，村庄若是处于复杂的地形地貌环境，村民分散居住且难以对污水进行集中收集，则可以采用相对分散的方式对生活污水进行处理。

第四，在进行污水处理时，不可对海洋、河流等水源造成污染。

第五，所建设的污水处理设施，其规模与性质应与乡村旅游的发展规模以及乡村旅游的游憩功能相适应。

二、乡村旅游垃圾收运设施的建设

随着乡村旅游的开展，大量的旅游者涌入农村，不可避免地会对农村的自然环境造成一定的影响。比如，乡村旅游景区的旅游者会带来大量的垃圾，而这会给当地的环境保护带来巨大的压力。因此，在进行乡村旅游设施建设时，要重视垃圾收运设施的建设。通常来说，乡村旅游的垃圾收运设施建设要包括配置收集设施、建立保洁机制和引导分类利用三部分内容，这里着重阐述一下前两个方面。

（一）配置收集设施

一般来说，垃圾收集设施主要包括两类，即垃圾桶（箱）和垃圾清运车。

1. 垃圾桶（箱）的配置

第一，垃圾桶（箱）的数量要充足，一般 5~10 户设置 1 个垃圾桶（箱），服务半径一般不超过 70m。

第二，垃圾桶（箱）的设施地点应隐蔽，以免影响旅游者的旅游体验，破坏环境。

第三，垃圾桶（箱）的容积由容纳服务范围和清运周期内的垃圾投放量确定，一般以 200~500L 为宜。

第四，垃圾桶（箱）要注意加盖，以免影响周围的环境卫生。

第五，垃圾桶（箱）选址应方便村民投放，并尽可能布置在村庄主次道路旁，位置相对固定，方便村民使用。

第六，垃圾桶（箱）要尽可能保持完好的形状，以免影响旅游者的观感。

第七，垃圾桶（箱）的所在地面应十分坚固，以免产生的废水等污染地面水或是饮用水。

2. 垃圾清运车的配置

第一，垃圾清运车应根据服务范围、垃圾产量及车辆运输能力等来配置。

第二，垃圾清运车的数量要根据村庄的人口来确定，原则上总人口 3000 人以下的村配 1 辆，总人口 3000~5000 人的村配 2 辆，总人口 5000 人以上的村配 3 辆。若采用人力车清运垃圾，可在此基础上适当增加清运车辆。

第三，垃圾清运车可以是专用人力收集车、专用机动三轮收集车，也可以是专用运输汽车。

（二）建立保洁机制

在进行乡村旅游垃圾收运设施建设时，建立有效的保洁机制也是十分重要的，具体内容如下。

第一，提倡由清运车直接收集运输的垃圾收运模式，尽量减少设置村庄垃圾收集点。这样既可节约投资，也可防止因渗滤液漏出、蚊蝇滋生而带来的二次污染。

第二，鼓励农村发展生活垃圾源头分类收集、资源再利用，实现就地减量。一般来说，生活垃圾可分为有机垃圾、可回收垃圾、有毒有害垃圾和其他垃圾四类。其中，有机垃圾可生物降解，宜分类收集后就地处理，也可结合粪便、污泥及秸秆等农业废弃物进行资源化处理。资源化处理包括堆肥处理、结合沼气工程厌氧消化处理、生物转化等方式。使用人畜粪便制沼气的村庄，可将有机垃圾粉碎后与畜禽粪混合加入，以增加沼气产量。

第四节 乡村旅游的绿化设计

一、乡村旅游绿化设计的重要性

在发展乡村旅游的过程中，进行绿化设计有着十分重要的意义，具体表现在以下几个方面。

第一，植物绿化可以美化乡村旅游环境，并在维系大自然生态平衡、调和自然环境（如调节气候、涵养水源、增加生物多样性等）方面发挥重要的作用。

第二，植物绿化通过适当的空间配置方式，可以使旅游景区获得不同的氛围与惊喜，如为旅游者提供私密感觉、为旅游者的游览进行引导等。

第三，植物绿化可以将乡村旅游区营造出不同的视觉感受，包括美感、季节与时间上的表征、框景以及多层次景观的视觉感受等，从而使旅游者获得更多的游憩体验。

第四，植物绿化可以在一定程度上降低天然的灾害危险。

二、乡村旅游绿化设计的影响因素

在对乡村旅游的绿化进行设计时，会受到多方面因素的影响，其中较为重要的有以下几个。

（一）乡村旅游区的发展定位与特色

乡村旅游区的发展定位与特色，不仅会对乡村旅游区的品质、乡村旅游区的吸引力产生重要的影响，而且会影响整个乡村旅游区的绿化建设计划。因此，在设计乡村旅游的绿化时，首先要明确乡村旅游区的发展定位与特色，即以何种模式作为诉求，如有以花草类型为主、有以乔木或果树类型为主。

（二）乡村旅游区存在的环境问题

在乡村旅游景区内，不可避免地会存在一些环境问题，而且这些环境问题主要是由乡村旅游景区内外的一些必不可少的建设所导致的。因此，必须采取有效的措施来解决这些环境问题。其中，绿化建设可以说是一个有效的解决策略。因此，在对乡村旅游的绿化进行设计时，要明确乡村旅游区内到底出现了哪些环境问题。

通常来说，为了解决乡村旅游区内存在的环境问题，如乡村旅游地因地理条件欠佳、建设后产生不良的景观（如挡土墙、排水沟等），或是为了避免游客破坏乡村旅游区内部分设施等问题，使用的植物种类多以开花、具香气的或是悬垂性的植物居多；为了解决乡村旅游区外存在的环境问题，如某些视觉角度景观不佳等问题，可以用乔木或灌木进行绿化，以确保乡村旅游区内的各项环境品质。

（三）特定的目的

在进行乡村旅游绿化设计时，很多时候是为了实现某一目的。这一类型的乡村旅游绿化属于较为积极的做法，即通过绿化建设手法在乡村旅游区内营造各种不同的空间，借以提供给旅游者颇具丰富性游憩体验的感受，或提供利用绿化建设将远方美景纳入眼底的小空间，或者提供沉静冥想的小场所，或者提供休憩、聊天、停留的小空间等。

三、乡村旅游绿化设计的内容

在进行乡村旅游绿化设计时，以下两方面的内容要特别予以注意。

（一）选择合适的绿化地点

乡村旅游的绿化建设适当，能够使乡村旅游区增添环境正面效果，并有效改善环境问题。若是乡村旅游的绿化建设不适当，则不仅不会带来绿化的效果，还会导致一系列的环境问题。因此，在进行乡村旅游绿化设计时，需要选择恰当的绿化地点，以便通过绿化来彰显主题特色，达到吸引旅游者到访的目的。具体来说，在进行乡村旅游绿化设计时，可以选择以下几处地点。

1. 入口处及旅游者主要动线地区

旅游者在进行乡村旅游时，最容易产生第一印象的地方便是乡村旅游区的入口处以及旅游者的主要动线地区。因此，在选择乡村旅游绿化的地点时，入口处及旅游者主要动线地区是绝不能被忽视的，并要通过绿化展现这些地方最美好的一面。

在对乡村旅游区的入口处及旅游者主要动线地区进行绿化时，要特别注意以下两个方面。

第一，在乡村旅游区的入口处，要注意栽种有观赏价值的植物，且所栽种的植物要注意灌木、乔木的合理搭配，以便让旅游者产生视觉上的冲击。

第二，在乡村旅游区内的旅游者主要动线地区，要注意以绿篱作为"引导"手法，避免旅游者在区内迷失方向，同时绿化所用的树种要以具有开花特性的灌木或直立型乔木为主。

2. 可及性高的主题区域

在乡村旅游景区内，可及性高的主题区域也就是能够展现乡村旅游区的特色且旅游者最常到达的区域。在对这一区域进行绿化时，要注意让旅游者在心理层面上获得安全稳定的感觉，并要注意展现出区域内的特色。比如，区域内以花卉为主题特色，配置方式则以四季花草为主，乔木与灌木为辅，且以花卉主景为中心，周边则配置乔木以供游客乘凉或起地标指引作用，或配合灌木高低层次变化，形成"凹"形的地景地貌，可使乡村旅游区内特色主题更为明显。

3. 乡村旅游区内的不良景观处

这里所说的"不良景观处",就是指环境中因颜色、造型无法与乡村旅游区环境相呼应的设施或景观,或者景区内不可避免的设施物,以及可能造成旅游者心理不安的场所和区域,如挡土墙、设施物墙面、废弃物堆放处、设施或场所有"锐角"的地方、潜在危险地区等。对于这些"不良景观处",必须要通过必要的绿化设计,使其被掩饰或被美化,继而使旅游者能够获得更好的游憩体验。

(二)选择合适的绿化树种

在进行乡村旅游绿化设计时,选择合适的绿化树种也是十分重要的。在这一过程中,应特别注意以下几个方面。

1. 根据绿化的目的来选择树种

在选择乡村旅游绿化的树种时,绿化目的是不得不考虑的一个方面,即要通过绿化的特殊性来达到营造气氛的目的。比如,在乡村旅游景区内,可以向日葵、薰衣草等为主题,设置小径及步道,让旅游者有身临其境的感受。

2. 尽可能选择原生地树种

植物的生长深受环境的影响,且不同的植物有其特定分布区域。因此,在选择乡村旅游的绿化树种时,要尽可能选择对当地的气候、环境等条件已能良好适应的原生地树种,以确保进行乡村旅游绿化的树种能够有较高的成活率和良好的生长情况。此外,在进行乡村旅游绿化时选择原生地树种,能够减少绿化管理的成本,更好地保持生态平衡,并进一步凸显当地特色等。

3. 根据旅游区内各空间规划的属性来选择树种

植物的类型是多种多样的,而且不同的植物在外观、生理构造等方面存在较大的差异。从植物的生长高度来看,既有十分低矮可以作为绿篱的灌木,也有高达3~4m的可以界定空间、提供绿荫的大乔木;从植物的特殊性来看,植物既有重在观花的，也有重在赏叶的。因此，在对乡村旅游绿化的树种进行选择时，要充分考虑到旅游区内各空间规划的属性。

在乡村旅游景区的入口处，要尽可能选择杜鹃、桃金娘、雏菊、海棠等具有观花价值的低矮植物，以营造一种喜庆的氛围；在乡村旅游景区的主要动线地区，要尽可能选择罗汉松、龙柏、七里香等直立型植物或是绿篱，以便对旅游者的游览产生一定的"引导"效果。在乡村旅游景区内，若是想给旅游者提供乘凉场所，则要尽可能选择樟木、重阳木等开展状植物。

4. 要尽可能选择鸟饵植物或蜜源植物

在生态系统中，植物往往会扮演着一定的角色，或是生产性的角色，或是支持性的角色。具体来说，植物在生态系统中，既要为草食性动物提供食物，也要为动物的栖息、藏身提供一定的空间。因此，在选择乡村旅游绿化的树种时，要注意考虑动物的栖息与觅食习性，选择适合当地物种的鸟饵或蜜源植物，以便在实现绿化目的的同时，为鸟类、蝶类、昆虫或动物提供栖息环境与食物。

第五节　乡村旅游网络信息平台构建

互联网信息技术的发展和网络营销手段的不断更新，促进了智慧旅游时代的到来。在这一时代，乡村旅游要想获得健康发展，必须要做好网络信息平台的构建，以便及时收集相关信息，对环境影响、乡村生态旅游发展效应等进行及时评价和反馈，提出调整建议。

一、乡村旅游网络信息平台构建的背景

乡村旅游网络信息平台与其他的旅游网络信息平台相比，从网站的构建技术角度来看，在本质方面并没有什么区别。但就平台服务的对象，平台发挥的功能和作

用，以及网络信息平台的信息单元组成而言，乡村旅游网络信息平台较一般旅游信息平台更具独特的原始自然性、新奇性、欣赏愉悦性、自主参与体验性、探险性等重要特性。因此，构建乡村旅游网络信息平台对于增大乡村旅游的份额、提高乡村旅游产品的品位、拓宽乡村旅游服务的客源市场前景都具有极其重要的作用。

当前，我国的旅游者大多属于产品消费者，一些新奇的娱乐场所、海滨避暑胜地、名声较大的观光景点和名胜古迹等较符合旅游者的需求，他们希望花较少的钱和时间经历最多的旅游活动，这使得国内旅游产品的开发有了紧迫感，同时向旅游产品的集聚性和规模性提出了挑战。由于乡村旅游浓郁的乡土性、旅游资源的丰厚性、旅游主体的大众性、旅游形式的包容性、生态体验与教育功能的集成性、农村资源的可整合性、乡村生态环境优势等显著的旅游特征，使社区农民受益所产生的社会效应和经济效应明显增加。因此，乡村旅游的发展受到了越来越多的关注。

伴随着乡村旅游的发展，数字旅游也在国内蓬勃发展起来。在此影响下，乡村旅游业信息化建设成为乡村旅游发展的一个重要课题，乡村旅游网络信息平台构建也得到了越来越多的关注。构建乡村旅游网络信息平台，既可以及时发布乡村旅游的相关信息，也可以为旅游者定制特色旅游服务项目，从而吸引更多的旅游者，促进乡村旅游的可持续发展。

二、乡村旅游网络信息平台构建的重要性

进行乡村旅游网络信息平台的构建具有十分重要的作用，具体表现在以下几个方面。

（一）开拓乡村旅游产品的营销市场

乡村旅游网络信息平台的构建，能够为拓展乡村旅游产品的营销市场提供广阔的机遇和挑战，为乡村旅游资源可持续开发、利用、保护、科普教育提供科学数据和决策依据。具体来说，通过乡村旅游网络信息平台，可以对乡村旅游产品进行跨区域营销，从而使乡村旅游产品被更多的旅游者所认识，继而产生消费该乡村旅游产品的想法。如此一来，乡村旅游景区便能不断吸引新的旅游者，从而获得可持续发展。

（二）促进乡村旅游的规范发展

对乡村旅游网络信息平台进行积极构建，能够为旅游承载力、旅游线路可视化选择提供信息发布平台。与此同时，借助于乡村旅游网络信息平台，可以对乡村旅游管理措施、条例、法律制度和安全环境等进行有效规范，最终切实打造出一个有序的、文明的、安全的乡村旅游产品良性循环的信息环境。如此一来，乡村旅游便能不断得到规范发展。

（三）构建乡村旅游的特征信息库

利用乡村旅游网络信息平台，能够恰如其分地描述乡村旅游的信息特征，如乡村旅游项目的新奇性、乡村旅游环境的原始性等。而在收集了乡村旅游的信息特征后，便可以进一步构建乡村旅游的特征信息库，并结合数字化技术实现乡村旅游景点的网络宣传、传播，挖掘乡村旅游产品网络营销的市场潜力。具体来说，乡村旅游的特征信息库必须能够提供以下几方面的信息。

1. 乡村旅游区域的生态环境特征信息

旅游者打算要游览的区域是否具有独特的生态气息、浓郁的生态环境，这对旅游者来说是极其重要的旅游愿望之一。因此，乡村旅游网络信息平台需要提取与之相关的信息，如乡村旅游区域自然风光覆盖范围、人居环境适宜程度、空气污染指数、生态环境指标、相对原始状态指标的对比信息等。将景区的这些能表征乡村旅游区域生态环境的信息通过信息技术的处理，利用网络信息平台充分地展现在旅游者眼前，用以吸引更多的旅游者。

2. 乡村旅游区域原生文化环境的特征信息

了解、观察、体验有别于他们本土文化模式的异文化（如本土文化、民族文化等），是旅游者选择去某地旅游的共同心理特征。

因此，在乡村旅游的特征信息库中，必须要包括乡村旅游区域内人群所具有的历史文化特征和现实文化特征的相关信息，如人居生活方式、习俗信息、文化模式的原始状态以及保留程度等。而旅游者通过获取这些信息，可以先做好去旅游目的地出游的相关计划、思想和物质方面的充分准备，继而在游览过程中获得更多的旅游体验和心理满足。

3. 能够让旅游者自主参与的旅游项目信息

旅游者在参与乡村旅游的过程中，往往希望能够自主去参与、体验，因此在构建乡村旅游的特征信息库时，应该包括能够让旅游者自主参与的旅游项目信息。比如，在允许的范围内，给旅游者提供关于旅游项目或旅游线路自由增减、自由组合、自助旅游等方面的信息；提供有偿交通工具或自备交通设备、自备可拆卸帐篷、参与餐食准备、组织娱乐活动等自选活动；提供贴近自然、富有挑战性的旅游方式，如徒步、登山、潜水、漂流、攀岩、探洞、滑雪、热气球旅行、骑自行车、自驾车船、乘伞滑翔等；提供参与排除事先安排的"险情"或偶尔出现的"危险"等活动；提供安全设施以及导游人员，乃至安保人员等。

旅游者在获取了可以自主参与的旅游项目信息后，很容易产生这样一种感觉：这些自己设计的或特制的旅游项目能够充分发挥他们自身潜力、施展他们的才干等。在此推动下，旅游者便会催生出强烈的旅游体验愿望，并最终去实现这一愿望。

总的来说，乡村旅游的特征信息库所提供的以上三种信息，构成了它区别于常规旅游信息系统的特色旅游。尤其是在人们越来越注重自身价值的开发、旅游者审美层次不断提高、社会经济文化水平迅速发展的今天，乡村旅游将呈现出蓬勃发展的生命力，在旅游业中的作用和影响也将快速充分地表现出来。

三、乡村旅游网络信息平台构建的思路

乡村旅游网络信息平台多是基于 Web 的乡村旅游信息网络，在具体的构建过程中，必须做好以下几方面的工作。

（一）网站网页的设计

在进行乡村旅游信息网站网页的设计与制作时，应切实注意以下几个方面。

第一，在设计乡村旅游信息网站的网页时，必须确保其具有自身鲜明的特点。

第二，在设计乡村旅游信息网站的网页时，要确保栏目编排有序清晰，网页层次的规划逻辑性强，网页内容突出行业特色。

第三，在设计乡村旅游信息网站的网页时，要确保游览者能够准确、灵活、简捷地进入网页。

第四，在设计乡村旅游信息网站的网页时，要尽可能具备全面、强大的功能，以更好地满足旅游者的需求。

第五，在设计乡村旅游信息网站的网页时，要确保页面形象品质好，页面设计理念和制作技术到位，色彩协调且丰富。

第六，在设计乡村旅游信息网站的网页时，要注意不断完善信息发布功能，确保行业管理条例、法律法规内容以及最新旅游信息等都能得到及时发布。

第七，在设计乡村旅游信息网站的网页时，要注意设置会员管理功能，以便网站被更多的人员所认可与使用。

第八，在设计乡村旅游信息网站的网页时，要注意不断对网页内容进行更新，以便用户能够在网页上作较长时间的停留。

第九，在设计乡村旅游信息网站的网页时，要切实抓住用户的上网心理，制作吸引用户的页面。

第十，在设计乡村旅游信息网站的网页时，必须要提供先进的客户端网络组件和安全的网络技术保障，以便用户可以安全地浏览相关网页。

（二）Web 数据库的设计

在进行乡村旅游网络信息平台构建时，Web 数据库的设计也是一个十分重要的环节。Web 数据库是乡村旅游网络信息平台的后台支持，在具体的设计过程中要注意做好以下两方面的工作。

1. 明确数据库的框架

乡村旅游网络信息平台的数据库，通常来说需要包括以下几部分内容。

（1）旅游业务信息库。在乡村旅游的旅游业务信息库中，需要包括以下信息。

第一，旅游路线信息。

第二，旅游目的地附近的城市信息。

第三，旅游目的地的生态环境、本土文化、习俗信息。

（2）旅游业界综合信息索引库。在乡村旅游的旅游业界综合信息索引库中，需要包括以下信息。

第一，与旅游以及乡村旅游发展相关的最新管理条例、法律法规的信息。

第二，最新旅游项目或产品的信息。

第三，最新旅游产品销售网络交易的信息。

（3）旅游者及会员信息库。在乡村旅游的旅游者及会员信息库，需要包括以下信息。

第一，用户论坛信息。

第二，会员管理信息。

第三，旅游人才信息。

第四，旅游者反馈信息。

2. 选择合理的数据库开发技术

针对乡村旅游网络信息平台需要完成的特定服务功能和媒体信息展示等技术难点，所选择的数据库开发技术应具备以下几个特点。

第一，提供完善的模糊查询功能。

第二，数据库的信息上传、下载、删除、修改等功能呈动态管理状态。

第三，大数量记录检索、查询速度提高到微秒级别。

第四，成熟的多语言翻译平台支撑，至少支持中英互译功能。

第五，媒体数据库数据格式支持流点播技术。

第六，数据库管理权限、口令、操作模块等分配明确严格。

第七，数据库系统的监控、数据交换具有安全、周密的技术保障。

第八，Web 数据库配置有防火墙，能抵御外部攻击。

第九，数据库扩充升级性能高。

（三）功能的划分

乡村旅游网络信息平台从总体上来说，需要划分为一定的功能模块，其中较为合理的有境内外旅游项目自主设计模块、多媒体旅游景点可视化展示模块、旅游规模发展模块、旅游规划决策支持模块、旅游管理条例法规和最新产品发布模块、资源远程共享模块、乡村旅游发展模式BBS模块、乡村旅游产品网络营销虚拟市场模块、资源远程共享模块、系统界面设计模块以及系统后台数据的管理、更新和维护模块。

乡村旅游网络信息平台各个模块完成的功能集中在一起，将实现乡村旅游的特色旅游服务功能，以及乡村旅游资源的可持续发展和协调利用。

第三章
乡村旅游产品创新

第一节 乡村旅游产品概述

乡村旅游是在农业观光基础上发展起来的一种具有休闲度假性质的旅游方式，因此乡村旅游产品具有明显的复合型特征。乡村旅游产品的开发要充分地遵循自然环境的客观规律，尊重当地的社会文化，尽可能地保证当地自然环境与社会人文环境的乡村性，这是进行乡村旅游产品创新的基本原则。

一、乡村旅游产品的内涵

从旅游者的角度来看，旅游产品指的就是旅游者为了获得物质或者精神上的满足，花费一定的货币、时间和精力所获得的一次旅游活动。从旅游地的角度来看，旅游产品指的就是旅游地为了满足旅游者的物质和精神需求，所提供的一系列综合服务。所以，乡村旅游产品的定义如下：在旅游需求一方看来，乡村旅游产品乃是旅游者为了获得物质和精神上的满足，通过花费一定的货币、时间和精力所获得的一次乡村性旅游经历。

简单地说，凡是带有乡村性特征，能够为旅游者提供乡村生活体验的产品都可以称为旅游产品。目前人类已经过渡到了体验经济时代,体验经济是继农业经济、工业经济、服务经济之后的人类第四种经济形态。在体验经济时代,企业提供给顾客的是最终的体验,顾客留下的是一段难以忘却的记忆;消费者获得的是一种身体和心理上的体验,并需为这种体验付费。在旅游业中,旅游体验更是表现得淋漓尽致,旅游产品作为一种高级的、享受型的、体验型的产品形式,更是从各个方面来满足游客的精神和心理需求,使游客产生美好的体验和记忆。乡村旅游产品则是人们所追求的一种更具深刻体验魅力的旅游产品。

二、乡村旅游产品的特点

(一) 产品的参与性

在体验经济时代,参与性是体验经济的首要特征,没有参与性的乡村旅游产品只能满足旅游者感官上的需求,但是却很难引起游客在情感上的共鸣。因此,产品的参与性已成为乡村旅游产品的一大特点,即为游客提供参与到乡村衣、食、住、行等活动的机会是乡村旅游产品规划的首要考虑因素。

(二) 产品的差异性

产品的差异性指的就是乡村旅游产品的主观性和个体性。每一个旅游者的家庭背景、生活环境、知识文化程度、个人兴趣爱好等都存在很大的差异,因此旅游者对于乡村旅游产品的体验性也存在很大的差别,这就要求在对乡村旅游产品进行规划时必须重视乡村旅游产品的差异性,这种差异性可以通过产品的质量、形式、包装等体现出来,以更好地满足不同游客的需求。

(三) 产品的时尚性

从本质上来说,乡村旅游产品其实就是乡村社会文化和当地居民生活价值取向的一个载体,但是在规划乡村旅游产品时也不能简单地从乡村居民的角度出发,原因就在于旅游者是乡村旅游产品的主要消费者,而绝大部分旅游者对于时尚的追求是一种本性，因此在规划乡村旅游产品时要重视将乡村性与时尚性结合起来。

（四）产品的原生性

乡村旅游之所以能够吸引越来越多的城市居民，根本原因就在于乡村生活的特殊性，由此我们可以看出，在乡村旅游中对游客产生吸引力的是原汁原味的乡村生活，而不是利用现代科技来模仿乡村文化。因此，在对乡村旅游产品进行规划时必须要重视产品的天然性和原生态性。

（五）产品的乡村性

乡村旅游产品的乡村性是界定乡村旅游的核心内容，是乡村旅游独特的卖点，是乡村旅游区别于城市旅游的根本特征，乡村旅游产品正是以这种纯朴而浓郁的乡土气息来吸引游客的。乡村性主要表现在资源具有明显的乡土性和旅游活动具有浓郁的乡情性。比如古色古香的乡土民居、如诗如画的田园风光、原始古朴的劳作形式，这些都散发出浓郁的乡土气息。与农家朋友漫步于田间小道，或与他们一起种植、采摘、载歌载舞，这些活动都蕴含着浓浓的乡情。

（六）产品的教育冶情性

乡村纯朴的传统美德及生产生活具有天然的教育和陶冶功能，乡村旅游产品能够给旅游者带来快乐、轻松、兴奋、愉悦和幸福的各种心理感受，能够启迪人的心灵，陶冶审美情趣，提高文化素养，领悟人与自然"天人合一"的和谐。比如在与民同耕的参与性产品中可以体验到乡民"锄禾日当午，汗滴禾下土"的艰辛和生命的厚重韵味，同时增强旅游者对人类生产劳动的体认，对现代生活的重新认知。

（七）产品的脆弱性

乡村旅游产品的脆弱性主要表现在乡村旅游产品是基于乡村的生态环境设计出的，而乡村的生态环境本身属于一种半人工半自然生态，这种特殊的生态环境很容易受到游客的破坏，而伴随着乡村生态环境破坏而来的是乡村旅游产品的破坏。

三、乡村旅游产品的类型

(一) 从消费行为的角度划分

1. 核心产品

乡村旅游的核心产品指的是乡村自然景观与社会人文景观，这是发展乡村旅游的基础和核心。一般来说，乡村旅游的核心产品主要包括：乡村接待、乡村度假、乡村景观、乡村文化。对于旅游者而言，缺少其他产品所造成的后果无非是体验感下降，但是缺少核心产品则会造成旅游者失去最基本的旅游动力。因此，乡村旅游核心产品的开发与规划对于乡村旅游的发展有着十分重要的意义。

2. 辅助产品

乡村旅游的辅助产品是从乡村旅游核心产品延伸出来的，弥补乡村旅游核心产品不足的产品类型。例如乡村接待需要提供相应的餐饮与住宿服务，又如乡村文化是一个抽象的概念，需要借助一定的载体进行表现，而各种乡村工艺品、特色活动等就是最好的载体，这些都是乡村旅游辅助产品的表现。事实上，辅助产品看似没有核心产品重要，但也是不可或缺的。如果说核心产品是乡村旅游的基础，那么辅助产品则是乡村旅游质量提高的保证，是增加核心产品吸引力的根本途径。

3. 扩张产品

乡村旅游的扩张产品是由政府、企业、行业协会等组织面向乡村旅游的营销或服务网络。扩张产品是乡村旅游发展到一定阶段、形成一定规模后的产物，游客通过乡村旅游网络获得旅游信息、预订及其他增值服务，乡村旅游的从业者也通过该网络共享资源并开展营销活动。

(二) 从旅游资源的角度划分

1. 村落民居旅游产品

村落民居旅游产品指的是那些将乡村民间建筑作为旅游开发资源的旅游项目。这些民间建筑大多数是传统的民居,但也有部分是独具特色的现代化建筑,具体如下:

(1) 将古民居作为旅游资源进行开发是乡村旅游的一大热点。由于很多农村地区交通不便,与外界的交流较少,因此很好地保存了古代建筑,这些建筑对于处于现代社会环境下的人们具有极大的吸引力,例如汉族的秦砖汉瓦、斗拱挑檐的建筑形式,黎族的船形茅屋,傈僳族"千脚落地"的草屋,侗族外廊式的木楼等都是极好的乡村旅游资源。近年来比较成功地将村落民居作为主打旅游产品的地区有福建武夷山市武夷镇村的明清建筑、山西的王家大院、河南的康百万庄园等。这些地区因古民居保存完整,历史风貌古朴而受到诸多旅游者的喜爱。

(2) 将现代化乡村建筑作为主打产品进行开发也是当前乡村旅游的一个着眼点。由于在现代化农村建设中很多地区盲目地按照城市进行规划,因此很多乡村失去了特色,无法开展乡村旅游。但是也有部分地区在对乡村建筑进行规划时结合乡村发展特点,充分展示了社会主义新农村建设成果,比较有名的有江苏的华西村、河南的南街村等。

2. 民俗风情旅游产品

乡村旅游对游客产生吸引力的一个主要原因就是乡村独特的风土人情和民俗文化。因此,对风俗民情和乡村文化进行开发,突出乡村的农耕文化、乡土文化等特色是一种十分常见的手段。目前比较常见的民俗风情旅游产品主要有以下几种:

(1) 生产民俗,如农耕民俗、手工业民俗等。

(2) 流通交易民俗,如商业民俗、通信民俗等。

(3) 消费生活民俗,如服饰民俗、饮食民俗等。

(4) 社会礼仪民俗,如婚嫁民俗、寿诞民俗等。

（5）家族民俗，如称谓民俗、排行民俗、财产继承民俗等。

（6）村落民俗，如集市民俗、村社民俗、乡规条例民俗等。

（7）民间组织民俗，如行会民俗、社团民俗、帮会民俗等。

（8）历法及时节节日民俗，如传统节日、二十四节气、本民族的年节等。

（9）游艺民俗，如民间体育竞技民俗（赛龙船、赛马）、民间艺术民俗（蜡染、剪纸、刺绣、雕刻等）、民间口承语言民俗（民间传说、神话、故事、山歌、谚语等）。

3. 田园生态旅游产品

将乡村的田园生态环境与各种农事活动结合起来开发成乡村旅游产品是我国乡村旅游发展早期的一种表现形式，但是近年来随着城市居民对千篇一律生活的不满，这种独具风情的乡村生活模式又再次蓬勃发展。根据主题的不同，田园生态旅游产品大致可以分为竹乡游、花乡游、水乡游、果乡游等，也可以根据旅游活动的内容将其分为四种类型，具体如下：

（1）农业景观观光游。农业景观观光游指的就是以欣赏农业景观为主题的乡村旅游项目。比较常见的农业景观观光旅游形式有田园风光观光，如欣赏水乡、梯田等独特的田园景观；林区风光观光，如森林旅游、种植园旅游等；草原观光，如欣赏大草原景观等。

（2）农业科技游。随着科学技术在农业生产中的应用越来越广，很多农业景观既具有传统农耕文化特点，也具有现代科技特点，这种特色的结合极大地增强了农业景观的吸引力，也催生了将农业科技作为主打产品的乡村旅游产品，例如观赏高科技种植园区等。

（3）绿色生态游。一般名义上，绿色生态游指的就是充分利用乡村原生态的生态资源来进行旅游，这种旅游项目一般尽可能地减少人工痕迹，增加了旅游者与自然生态环境的接触。

（4）乡村务农体验游。城市居民大致可以分为两种类型，一种是城市原居民，即从城市建立起那一刻就是城市居民，另一种则是外来居民，例如通过城区扩建或者自主迁入城市等手段成为城市居民。对于第一种居民而言，乡村的农耕生活极为新鲜，而对于第二种居民而言，乡村的农耕生活是缅怀过去生活的一种手段，因此催生了乡村务农体验游。即让游客与村民一起生活，共同劳动，亲自接触真实的农耕生活，感受乡土气息。

4. 乡村自然风光旅游产品

乡村自然风光旅游产品即以乡村地区的自然地质地貌、风景水体、风景气候与气象、生物等旅游资源形成的旅游产品。

（1）自然地质旅游：包括典型的地质构造、典型的标准层型地质剖面，观赏岩石、矿物、古生物化石、火山地震遗迹、海蚀、海积遗迹、典型的冰川活动遗迹。

（2）地貌旅游：山岳地貌、岩溶地貌、干旱风沙地貌等。

（3）风景水体旅游：江河风景河段、溪涧风景河段、构造湖、火口湖、堰塞湖、河迹湖、海迹湖、风蚀湖、冰蚀湖、溶蚀湖、人工风景湖、风景瀑布、冷泉、矿泉、观赏泉、风景海域等。

（4）风景、气象气候旅游：云雾景、雨景、冰雪景、霞景、旭日夕阳景、雾凇、雨凇、蜃景。

（5）生物：植物包括观花植物、观果植物、观叶植物、观枝冠植物、奇特植物、珍稀植物、风韵植物、森林。动物包括观形动物、观色动物、观态动物、听声动物、珍稀动物、表演动物。

（三）从旅游者体验的角度划分

1. 乡村观光旅游产品

乡村观光旅游产品指的是将乡村的自然风景和各种社会人文景观作为主题，以参观为主要方式的一种旅游产品。例如古建筑观光、风水文化观光、园林文化观光、田园观光等。

2. 娱乐型旅游产品

娱乐型旅游产品即以满足旅游者休闲、娱乐的需求所提供的旅游产品。顶粹的观光对于游客的吸引力是极为有限的,很多游客选择乡村旅游的一个基本出发点就是为了充分享受乡村的生活,因此娱乐型旅游产品的开发是十分重要的。例如为了让游客更好地融入乡村生活而开发出的示范表演;为游客提供亲手制作乡村手工艺品的机会;让游客亲自动手制作农家的食物和饮料等。

3. 保健型旅游产品

部分乡村由于缺少独特的自然景观与乡村文化,另辟蹊径地开发出了保健型旅游产品,针对当前大众普遍处于"亚健康"状态而开发出各种强身健体、修身养性、医疗保健的旅游项目,如日光浴、温泉浴、散步、食疗养生等。

4. 乡村休闲度假旅游产品

乡村休闲度假是指在乡村地区,以特有的乡村文化和生态环境为基础开展的休闲度假活动,是乡村旅游发展到一定阶段较高层次的一种旅游形式。休闲度假旅游产品一般是融观赏、参与、体验、教育、娱乐为一体,主要有周末节日度假游、家庭度假游、集体度假游、疗养度假游和学生夏令营等形式。

5. 乡村生活体验旅游产品

乡村生活体验旅游产品是指通过提供丰富的乡村生活、独特的信息和新奇的活动来帮助旅游者全身心投入,并对乡村劳作的知识和技能进行探索,获得积极的旅游体验。典型的乡村生活体验游有民俗风情体验游、野外生存体验游、童趣追忆体验游、亲子温馨体验游、动物亲近体验游、心理调节体验游、贫困苦难体验游、农家生活体验游等等。如农家生活体验活动形式主要有:果园摘果、品尝;花卉园学习插花技艺、园艺习作;茶园采摘;竹园学习竹编、竹雕、竹枝和竹节造型等艺术及烧制竹筒饭。在牧区可以挤马奶、勾兑奶茶、骑马放牧,以此感受牧区生活的原汁原味。

6. 修学科考旅游产品

修学科考旅游产品其实是专门为青少年设置的一种产品类型。目前很多家庭都是独生子女,父母的长期溺爱使得这些孩子对大自然缺少足够的了解。而修学科考旅游产品正是针对这一现象而设计,通过为青少年提供各种自然科考的机会来吸引游客,例如青少年环境保护游、农业生产游、大自然生态写生游等,在旅游中帮助青少年认识自然和乡村,树立正确的人生观与价值观。

7. 探险旅游产品

探险旅游是户外娱乐的一种形式,也是提高人类适应性的一种特殊活动方式。常见的探险类型有沙漠探险、海岛探险、高山探险、高原探险、攀岩探险、崖降探险、徒步探险、滑雪探险、雪地驾驶探险、河谷探险、漂流探险、湖泊探险、洞穴探险、冰川探险、森林探险、狩猎探险、观鸟探险、垂钓探险、潜水探险、驾独木舟探险、野营探险、狗橇探险、溜索探险、骑马探险、划艇探险、草地探险、野外生存探险、雪地徒步探险、峡谷探险、古驿道探险等。探险旅游主要显示了人类对自然界的利用还存在着脆弱性和局限性,也显示了自然界的原始性和神秘性。探险旅游一般要有一定的探险知识、野外生存知识和技能。

8. 民俗旅游产品

民俗旅游产品即将乡村的民俗文化作为切入点,有针对性地开发旅游产品。例如根据乡村的舞蹈风俗、体育风俗以及各种传统的工艺品、饮食文化、民族建筑等开发出相应的产品。

9. 节日旅游产品

节日旅游产品指的是以各种节日为核心的一种旅游产品。一般来说,节日旅游产品根据节日活动内容的不同大致可以分为以下五种:

(1) 农村风光节日。即将欣赏农村优美的自然风光作为节日的主题。很多景观都是具有一定的时间限制的,在最美景观出现之时开展各种以景观为主题的节日活动能够极大地提高对游客的吸引力。例如北京延庆冰雪旅游节、成都清流梨花节、中国四川(西岭雪山)南国冰雪节、齐齐哈尔观鹤节、伊春森林生态旅游节、安徽砀山梨花节等。

（2）农业产品节日。即在某种农业生产成熟时开展的节日活动，这种节日活动一般是为了表达对丰收的庆祝以及对来年丰收的愿景，因此这种节日往往是一种狂欢式节日，与以往的生活节奏截然不同，这对于希望脱离日常生活的城市居民而言极具有吸引力。例如北京通州西集镇的绿色果树采摘节、哈尔滨松北的葡萄采摘节等。

（3）民俗文化节日。中国民族众多，因此各种民族节日也十分繁多，这些民族节日都是不同民族文化的载体。例如中国同江赫哲族旅游节、天台山高山山茶花节等。

（4）历史典故节日。即将历史上比较有名的事件作为节日的主题，然后针对性地开发旅游产品，例如都江堰的李冰文化旅游节等。

（5）综合类节日。即没有特定的主题节日，内容包括多种体验方式，满足游客的不同需求，一般来说，这种类型的节日多以"文化节"命名，例如大连老帽山映山红旅游文化节等。

10. 乡村会议度假旅游产品

乡村会议度假旅游产品指的是将会议作为切入点进行开发的一种旅游产品。对于一些大型会议而言，如果乡村的生态环境优美、基础设施完善且交通比较便利的话，那么会议的举办方会很乐意在乡村地区举办会议，这对于提高参会人员的工作效率是极为有利的。

11. 专项旅游产品

专项旅游产品包括体育旅游、采风摄影旅游、电影电视拍摄旅游、野营旅游、怀旧旅游与历史事件遗迹旅游等。摄影旅游指旅游者前往乡村地区拍摄自己的摄影作品，并将旅游与摄影视为一举两得的体验方式。怀旧旅游是指专门寻觅历史上的社会风情、建筑、生活用具、名人故居等的旅游活动。历史事件遗迹旅游则是乡村旅游产品中重要的组成部分，在乡村地区有开发这一旅游产品的丰富素材。

12. 乡村购物旅游产品

乡村购物旅游产品主要是为旅游者提供旅游纪念品、土特产、工艺品等，供游客选择购买。乡村购物旅游产品包括农村服饰、农副产品、土特产品、手工艺品、农村饮食等有形物品。主要利用石、木、竹、柳、藤、荆等编制、加工的各类工艺品,利用葫芦、菱秆、高粱穗、麦秆、芦苇、马莲草等加工成的生活用品等。乡村购物旅游产品具有纪念性和实用性。

四、乡村旅游产品的特色

(一) 乡村旅游产品的客观真实性

目前学界对旅游产品的真实性研究主要集中在客观性主义真实、建构性主义真实和存在性主义真实以及后现代"超真实"四个方面:客观主义真实观是从客观的、博物馆学的角度来看待真实性问题的,强调被旅游的客体与原物完全对等,即认为展示给旅游者的对象应是完完全全的真,不能掺杂丝毫的假。客观主义者认为,商品化会破坏地方文化的真实性。建构主义真实观认为旅游真实性是由各种旅游企业、营销代理、导游解说、动面片制作者等共同制造出来的。因此,真实性是一个社会建构的概念,其社会含义不是给定的,而是相对的、商榷的、由环境决定的,是思想意识形态的。建构主义者认为商品化并不一定会破坏文化的真实性,商品化会不断地为地方文化注入新的活力,成为民族身份的标志。存在主义真实观认为存在的本真是人潜在的一种存在状态,可由游客参与的各种令人难忘的、激动人心的旅游活动来激发,如游客在参加不同寻常的活动时,会感到比日常生活中更加真实、自由地展示了自我。后现代主义"超真实"观抹杀了"真"与"假"的界限,认为模拟变得如此真实,比真实还真,已达到一种"超真实"境界。

从上述四种观点来看,乡村旅游产品明显具有真实性的特点。旅游者到乡村进行旅游互动,观察乡村居民的真实生活方式和各种传统习惯,并亲自参与到农耕生活、节日庆典、产品加工等活动中,充分满足了旅游者体验不同生活的需求。更为重要的是,旅游者参与的各种活动并不是旅游地区提供的一种虚假活动,而是旅游地的日常生活,这是乡村旅游真实性的最大体现。

（二）乡村旅游产品兼具自然与人工特色

与城市环境相比，乡村旅游产品的自然环境较为优美，与纯粹的荒野森林相比，乡村的旅游产品又具有一定的人工属性，这种半人工半自然的特点使得乡村旅游产品的自然环境更具有特色。例如我国拥有森林景观的地区众多，原始森林面积极为广阔，但是这些地区却缺少对游客的吸引力，原因就在于这些地区由于缺少人工规划，处于最为原始的状态，与游客的心理预期不相符。而乡村旅游产品既保留了森林景观的原始性，同时也对森林景观进行了一定的规划，使得森林景观显得井然有序，如此对游客的吸引力自然会大幅度提高。试想一下，对于游客而言是搭个帐篷睡在纯粹的原始森林更有吸引力，还是住宿在乡村提供的森林旅馆中更具有吸引力？毫无疑问，除了纯粹的探险者，后者更具有吸引力。

（三）乡村旅游产品所依赖的人文环境独特

乡村地区所依赖的人文环境独特。如江西婺源明清建筑，其原汁原味的古村驿道、廊桥和茶亭，众多气势雄伟和工艺精巧的祠堂、官邸成群，飞檐翘角的民居栉比。福建培田古村主要包括大宅、祠堂、书院、古街、牌坊和庵庙道观，体现了精致的建筑、精湛的工艺、浓郁的客家人文气息。安徽宏村精雕细镂、飞金重彩、气度恢宏、古朴宽敞的民居群，巷门幽深，青石街道，栋宇鳞次，有着科学的人工水系和方格网的街巷系统，体现了典雅的建筑造型，合理的功能布局，是徽州传统地域文化、建筑技术和景观设计的典型代表。浙江诸葛村村落格局按九宫八卦图式而建，整体布局以村中钟池为中心，全村房屋呈放射性排列，向外延伸八条弄堂，将全村分为八块。北京韩村河旅游景村明快和谐的红顶白墙、红顶黄墙或黄顶黄墙，明亮的塑钢玻璃窗，宽敞的观景阳台，大气庄重的中式琉璃瓦飞檐搭配秀美挺拔的欧式尖顶、网柱，在阳光下一同展示着亮丽的风采；不同风格的别墅楼区、宽敞的街道、高雅的景观小品、现代蔬菜大棚、花卉基地、星级饭店、村办大学、公园、医院等组成了中国新农村的风貌。

（四）乡村地区独特的民俗风情

我国乡村地域辽阔多样，有着风格各异的风土人情、乡风民俗，使乡村旅游活动对象具有独特性特点。如新疆图瓦村：主人招待客人，用酸奶、奶酒、奶茶、奶疙瘩、酥油、油饼、油筛子等；说图瓦语，也会讲哈萨克语。新疆尉犁县罗布人村寨：有自己的地方方言，有罗布舞蹈、罗布民歌、罗布故事、睡茅屋、骑骆驼、滑沙、狩猎、捕鱼、穿森林、涉河水；村寨正门形如一个戴着帽子的人的头部，两侧是鱼的图腾。北京延庆县香屯村：村民用天然绿色原料制作的生态保健餐，主要有栗子鸡、炸河鱼、炸核桃仁、杏仁、香椿拌豆腐等16道特色菜和红枣、栗子棒、米粥、蜂蜜羹等6种主食。在苗族的吊脚楼里有血灌肠、辣椒骨、酸汤鱼、棉菜粑、油茶、万花茶等组成的地地道道的苗家美食。在陕西陕北乡村的窑洞里，有浓郁特色的陕北菜肴。

（五）乡村旅游产品的季节性显著

农业生产是在人们定向干预和调节下的生物再生产过程，生产的各个阶段深受水、土、光、热等自然条件的影响和制约，具有明显的季节性，从而导致农业旅游活动具有明显的季节性。乡村农业生产活动有春、夏、秋、冬四季之分，夏、秋季节乡村旅游火爆，冬、春季节旅游冷淡。

（六）乡村旅游产品项目多样化

乡村旅游依托乡村古朴秀丽的乡村环境和各类农业资源、农耕文化、乡村民俗风情，针对客源市场需求状况，开发出一系列趣味性高、参与性强、文化内涵丰富的各种旅游产品类型和各种旅游产品项目。

（七）乡村旅游产品地区差异性显著

不同的地域有不同的自然条件和山水环境、文化背景、生活习俗和传统等。另外，每一个地方的农业生产，包括农、林、牧、副、渔等产业的生产也具有很明显的地域性和特色。中国乡村既有南北乡村之分，又有山地平原乡村之分，还有汉族和少数民族乡村之分。我国乡村旅游产品具有地域性分布的特色，如东部沿海以海洋农业和渔猎生活为特色，东南部以江南鱼米之乡和小桥流水为特色，南部以热带海滨风光为特色，北部以冬季的冰天雪地为特色，西部以草原景观和游牧生活为特色．西北以沙漠戈壁和雪山绿洲为特色，西南部以高山峡谷和垂直农业为特色，青藏高原以神秘的民族文化和高寒农业为特色，平原地带以一望无际的田园风光为特色；还伴有纷繁复杂的民俗宗教、庙会节庆、人文历史和浓郁的少数民族风情等。

第二节　乡村旅游产品开发要点

一、乡村旅游产品开发的基本原则

（一）因地制宜原则

乡村旅游产品开发的一个基本原则就是因地制宜原则，盲目地跟风模仿、移花接木甚至造假欺骗等行为只会导致乡村旅游产品失去原本的特色。一个好的乡村旅游产品总是以本地的旅游资源为基础，以独特的乡村生活表现为目标。因此，在对乡村旅游产品进行规划时要坚持因地制宜的原则，对本地的乡村旅游资源进行考察，寻找最佳的切入点。

以渔业资源比较丰富的乡村为例，在对乡村旅游产品进行规划时可以大致将乡村旅游产品分为三个阶段：

第一个阶段，利用本地丰富的渔业资源来为游客提供渔业景观观光、垂钓等项目，这些项目对于资金的要求较低，能够迅速地帮助旅游地积累大量的资金来用于后续阶段的开发。

第二个阶段，介于这个时候资金相对有限的困境，该地区完全可以充分利用现有的资源，打出"原生态捕鱼"的口号，吸引游客与渔民一起居住，一起捕鱼，如此一来对于住宿等基础设施的要求就会下降。同时为游客提供自己制作海鲜食品的机会，让游客把自己捕获的鱼制作成各类海鲜食品，加强游客的体验感。

第三个阶段，经过前两个阶段的资金积累，该地区已经拥有了相对充足的资金来进行大规模的开发，这个时候应当针对本地区的渔业资源与渔业文化打造休闲观光渔业游览区，依托原生态的岛屿、村落、礁石、滩涂等多元化地发展乡村旅游，例如观海景、尝海鲜、踏海滩的休闲观光旅游、捕鱼拖虾的体验式旅游等。

当然，上述分析主要是针对那些乡村旅游资源丰富而又缺少足够发展资金的地区而言的，部分地区如果资金较为充足的话，那么可以直接进入第三个阶段，从一开始就对乡村旅游进行系统科学的规划。如果缺少独特的资源，那么可以利用农村景观的生态性来开展保健养生旅游项目。总而言之，因地制宜地开发旅游产品是必要的，一味地模仿其他地区的成功案例只会起到适得其反的效果。

（二）可持续发展原则

农村的生态环境是一种半自然半人工生态环境，这种复合型生态环境更为脆弱，极易受到破坏。从某种意义上说，乡村旅游对于农村生态环境的破坏是不可避免的，而我们要做的就是在规划乡村旅游产品时尽可能地对农村生态环境进行保护与改善，实现农村生态环境的可持续发展。具体来说，乡村旅游产品对农村生态环境的保护主要体现在以下两个方面：

一是对农村自然生态环境的保护。这就要求乡村旅游产品不能以破坏自然景观为代价，例如森林景观、草原景观等自然景观只能开发出观光型旅游产品，而开发体验型旅游产品则极易对这些景观造成不可修复的破坏。再比如在开发捕鱼等体验型产品时也要把握好尺度，避免大肆捕捞对渔业资源造成破坏等。

二是对农村人文生态的保护。乡村人文生态的保护主要集中在各种古文物上，例如对于一些年代比较久远的古文物，要尽可能避免游客与其进行接触。近年来部分地区为了增加对游客的吸引力，将古建筑开发成宾馆，这种行为从长远的角度来看对于乡村旅游的发展弊大于利，虽然后期的维护与保养能够保证古建筑的形态，但是其历史风貌毫无疑问地在逐步消失。

（三）生态原则

生态原则是乡村旅游产品开发的一个十分重要的原则，是实现乡村旅游发展与环境、资源协调统一的重要保证，更是确保乡村旅游产品原汁原味的根本途径。所谓的生态原则指的就是在开发设计乡村旅游产品时要尽可能地实现旅游产品与周边生物、自然环境相一致，避免人工雕琢的痕迹。一般来说，乡村旅游产品生态原则主要体现在基础设施的建设上。

乡村基础设施对于乡村旅游发展的重要性不言而喻，但是基础设施的建设过程本身也是对自然生态的破坏过程，这种情况下乡村基础设施建设要尽可能地遵循绿色建筑设计原则。例如在建筑材料的选择上要尽可能地使用木材、毛竹、泥土等自然材料，而不是大量地使用钢筋混凝土；在安装水电设施时要充分利用太阳能、风能、沼气等再生能源，实现能源的节约与循环利用；在建筑设计上要利用设计手段来实现建筑的自然通风、自然降温、建材保温等；在建筑的外观上要与周边的自然环境相统一，避免突兀的建筑影响整体景观效果等。

（四）美学原则

人类的审美活动是人类一切活动中最基本的活动之一。对美的追求是人类对美的一种永恒的追求。旅游从本质上讲，实际上就是一种审美过程。旅游活动作为人们精神生活的一部分，是游览性和观赏性的审美活动，是自我实现与自我完善的情感过程，是陶冶情操、修身养性的过程，是自然美、形式美与社会美、艺术美的统一。旅游审美追求的是"天、地、人"合一的理想审美情境，其目标是创造人与自然的和谐。所以，在乡村旅游产品开发过程中，要综合考虑旅游者的审美心理要素和旅游审美态度，把握旅游者的感知、想象、理解和情感。在审美过程中，感知因素通常起着先导作用，它是审美知觉的出发点。想象可以使旅游审美充分发挥作用，使旅游景观更加丰富多彩，可以使旅游产品品味升华。情感是人们对客观世界的一种特殊的反应形式，是人们对客观事物是否符合自己需要的态度和体验。对审美形象内容的理解，是进行审美不可缺少的环节。在乡村旅游产品开发中要通过在物质中增添精神层面的成分，在功利中增添超功利层面的成分，以带动旅游运作系统对自身功利性进行超越，最终使旅游者体会到旅游提供的不仅仅是使用价值和供人生理需要的低层次满足，而是带给人们更高的精神层面满足的审美享受。乡村旅游产品的开发最终目的是实现旅游者对乡村旅游资源进行美学意义上的感知、体验、认同和联想，从而得到感官上、情绪上和心灵上愉悦和满足的过程，使得自然旅游资源形成的产品具有形态美特征（雄壮美、秀丽美、奇特美、幽深美、险峻美、旷远美）、色彩美特征、动态美特征、综合美特征，人文旅游资源形成的产品具有历史性特征、文化性特征、特殊性特征、愉悦性特征。

（五）市场导向原则

乡村旅游的开发本身是一个经济过程。从乡村的角度来看，发展乡村旅游的一个主要目的就是为了推动乡村的经济发展，因此乡村旅游产品规划的最终目的是使得旅游产品能够顺利进入市场。在这种情况下，乡村旅游产品的规划就要紧紧地把握市场的脉搏，坚持市场导向原则，深入地洞察游客的实际需求，有针对性地开发出旅游产品。一般来说，乡村旅游产品开发坚持市场导向原则主要考虑以下两个问题：

一是旅游业的发展趋势问题。旅游业的发展趋势是乡村旅游产品开发的宏观市场环境。对于现代人而言，城市化进程不断加快带来的是人们对于自然生活的向往，这也是乡村旅游逐步兴起的根本原因。而乡村旅游产品开发就要充分地把握这一特点，避免在旅游产品中表现出太多的现代化工业痕迹，否则对于游客的吸引力就会大幅度下降。

二是游客的行为特征。游客的行为特征是游客潜在需求的外在表现。例如乡村旅游游客多以受过良好教育，经济条件较好的城市居民为主。这类游客的一个大特点就是不仅追求美好的自然田园风光，更重视田园风光给自己带来的精神享受。这种情况下乡村旅游产品就要不断地增加产品的文化含量，避免停留在物质层面。再比如乡村旅游游客的群体特征是存在很大的差别的，有家庭式旅游、教育式旅游、老年休闲旅游、情侣观光旅游等，这就需要有针对性地开发出不同的旅游产品。

对市场的准确把握是乡村旅游产品能够受到市场欢迎的基本保障，更是乡村旅游发展的主要影响因素。

（六）文化导向原则

旅游活动本身也是一种文化交流的过程，旅游文化可以说是旅游业的灵魂。以乡村旅游为例，它不仅能够满足游客的一般性观光需求，更能够满足游客的故乡情结、怀旧心理和回归自然的愿望。这是旅游者对农耕文化、民俗文化、乡土文化底蕴的追求和体验，这是人们对以往文化的留恋和对不同文化的向往，因此，乡村旅游的开发要满足和创造旅游者的这些文化需求。所以，在旅游业的开发中要重视文化资源，在产品的开发中寻求文化差异、增加文化含量，通过精心设计和安排，将特色文化元素融入产品设计、旅游活动和旅游线路中，形成文化竞争力，实现旅游产品价值的最大化，实现旅游者最高层次的文化满足。

（七）以人为本原则

旅游者是旅游产品的主要使用者，如果旅游产品在设计时无法坚持以人为本原则，那么再好的旅游产品都无法得到市场的认可。这也就意味着旅游产品的设计必须站在旅游者的角度进行考量，主要体现在以下两个方面：一方面是旅游产品的内容设计要以人为本。市场上旅游产品众多，但是获得旅游者认可的旅游产品却寥寥无几，根本原因就在于旅游产品的设计过于理想化，或者说设计者在设计旅游产品时没有站在旅游者的角度进行考虑，忽视了旅游者对旅游产品的需求，从而出现了产品与需求背道而驰的现象。另一方面则是旅游产品的表现形式与价格要以人为本，并不是越花哨越贵的旅游产品市场前景就越好，相反，乡村旅游地区需要准确把握自身客源的经济收入，有针对性地制定出具有普适性的旅游产品价格。

（八）整体性原则

旅游产品的整体性原则指的是在设计旅游产品时要考虑到该产品与其他产品的互补性，避免乡村旅游出现短板。虽然说乡村旅游主题的侧重点不同，但是设计出的旅游产品最少要涵盖游客的衣、食、住、行、购物、娱乐六个层面。同时不同的旅游产品也应当尽可能地根据旅游活动内容将观赏性、参与性、体验性、教育性等融合在一起。

（九）产品差异性原则

人无我有、人有我优是获取市场竞争优势的重要方式。对于乡村旅游而言，近年来随着乡村旅游的兴起，旅游市场上旅游产品的种类也逐渐丰富起来，这种情况下旅游产品的设计就要将产品的差异性原则作为切入点，开发出具有特色的旅游产品。在实践中，旅游产品的差异性原则主要表现在两个方面：一方面是时间的差异性，即率先进入某一个产品市场，以先行者的身份出现，迅速地占领市场，然后不断地进行创新，保持自己先行者的身份；另一方面则是内容的差异性，即保证自己所推出的旅游产品具有不可复制性，这种不可复制性大多是通过技术要求、文化内涵等体现出来的。

（十）参与性原则

随着旅游活动成为大众的一项日常活动，人们越来越不满足于以观光为主的旅游活动，取而代之的是追求参与型的旅游活动，反馈到乡村旅游上，指的就是乡村旅游产品必须重视产品的参与性，简单地为游客提供参观服务是很难获得游客的认可的，而是要让游客在实践中亲自发掘旅游景观，获得精神上的享受。一般来说，乡村旅游的参与性大多是通过一些互动性活动项目来体现出来的。例如在开发乡村旅游娱乐项目时只是设计一下项目的规则，项目则由游客负责执行；在乡村手工业品上鼓励游客自主制造自己心中的工艺品；为游客提供亲自参与田园农耕劳动的机会等。

二、乡村旅游产品开发要处理好几个关系

（一）传统的继承与创新发展之间的关系

乡村旅游产品开发所面临的一个重大挑战就是传统与现代关系的处理，一方面原汁原味的旅游产品毫无疑问更能够体现乡村的特色，增加乡村旅游产品的内涵，但是另一方面处于现代社会的游客对于那些纯粹的传统旅游产品并没有想象中的那么支持，很多游客更倾向于享受那些披着现代文化理念外衣的旅游产品，这和他们的生活习惯是相符合的。因此，乡村旅游产品的开发必须要处理好传统文化意蕴的继承与现代文化的创新之间的关系。

（二）观赏艺术性与实用功能之间的关系

观赏性和艺术性都是旅游产品的重要特性，但是在当前部分旅游产品的开发上，很多旅游产品往往过于侧重于产品的观赏性，从而出现"名不副实"的旅游活动项目，给予游客一种被"欺骗"的感觉，这种做法固然在初期能够以新颖的手段吸引一定的游客，但是从长远的角度来说，缺少实用功能的乡村旅游产品最终会失去发展的潜力。因此，在实践中必须要重视旅游产品观赏性与实用性兼顾。

（三）地方特色与游客需求之间的关系

许多旅游产品是在长期的历史文化发展中沉淀形成的，无论是在文化意蕴上还是在工艺技术上都具有明显的地方特色，但是这并不意味着这些旅游产品就一定能够得到游客的认可，相反，必须正确处理好地方特色与游客需求之间的关系，不能一味地"为特色而特色"，旅游产品归根结底是为游客服务的，如果不重视游客的需求，那么再具有特色的产品也无法得到游客的认可。因此，如何处理好地方特色与游客需求之间的关系，解决具有地方特色的旅游产品与现代旅游市场需求之间的矛盾，寻求两者的协调发展是乡村旅游产品设计必须注意的一个重点。

（四）大众化需求与个性化需求之间的关系

能够进行大批量生产是乡村旅游产品设计的一个基本出发点，这就意味着乡村旅游产品主要是针对大众化需求而设计的。但是在设计中也要妥善处理好游客的大众化需求与个性化需求之间的关系，一方面随着社会经济的发展，人们的需求开始朝着个性化、碎片化的方向发展，另一方面从大众化需求角度出发进行旅游产品设计很容易导致旅游产品失去特色，在市场竞争中不占据优势。但是一味地追求旅游产品的个性化又会造成产品的成本无法得到控制，乡村旅游的经济效益受到影响，因此在实践中必须妥善处理好大众化需求与个性化需求之间的关系，比较常见的手段是针对一般性或者低端消费市场开发大众性旅游产品，而针对高端市场则要开发个性化旅游产品。

（五）区域性旅游商品与区域性乡村旅游商品之间的关系

许多乡村旅游商品同时又是大区域性的旅游商品，协调好二者之间的关系很重要。那些乡土气息浓厚、与乡村结合紧密的大区域性旅游商品同时也可以被确定为乡村旅游商品，因为在大区域内可能有很多旅游商品，乡村旅游商品只是其中的一部分，在大区域旅游商品中特色不是非常明显，但可以进行设计或功能上的部分调整，来加载更具地方特色的元素或独特性内涵，使之成为独一无二的区域性乡村旅游商品。

第三节　乡村旅游产品市场需求

从我国的社会经济与乡村旅游的发展历程来看，在今后的很长一段时间内乡村旅游需求将呈现出以下发展趋势：

第一，以放松精神、休闲养生为目的的乡村旅游将逐步成为旅游的主题，这与生活压力越来越大的现代生活方式有着十分密切的联系。

第二，在未来的一段时间内，以观光为主题的乡村旅游仍旧会占据很大的比重，原因在于当前我国的乡村旅游并没有进入"饱和期"，很多地方的乡村旅游仍旧处于起步阶段，乡村旅游的开发以参观为主。

第三，游客的需求将会朝着多层次、碎片化、个性化的方向发展，这就意味着乡村旅游必须重视游客的个性化需求，传统的大众化旅游产品将会逐步失去发展空间。

第四，城市中高学历、中高层收入的居民将会成为乡村旅游的主力军，这与这类群体较高的经济收入与固定的休息时间有着密不可分的联系。

一、根据身份特征划分的乡村旅游市场

根据年龄、职业、收入水平等身份特征可以将乡村旅游市场划分为以下八种类型：

（一）青少年市场

青少年是我国社会的一个重要群体，他们是社会主义建设的未来，更是未来消费的主力军，因此青少年旅游市场一直以来都是一个巨大的潜在市场。对于乡村旅游而言，青少年旅游市场更为重要，原因在于以下几个方面：首先，与其他旅游形式相比，乡村旅游对青少年的吸引力更大，它同时兼顾了科普性、趣味性、参与性、环保性等内涵，能够在愉悦青少年身心的同时帮助青少年塑造正确的人生观、价值观和世界观；其次，对于家长而言，长期的城市生活使得他们很乐意花费一定的时间去让青少年接触大自然，而纯粹的自然观光旅游的风险较高，乡村旅游则不存在这种因素；最后，在时间上，乡村旅游所花费的时间往往较短，例如农家乐一日游等，这与青少年的学习时间并不存在冲突。

（二）老年市场

进入21世纪以来，世界经济较为发达的国家普遍出现了人口老龄化危机，这种危机对于旅游业来说却意味着一次巨大的机遇，它表明了银发旅游市场正在不断地扩大。与其他类型的游客相比，老年市场在乡村旅游上具有以下几个优势：第一，步入老年阶段的游客大多数已经退休，这就意味着他们拥有更多的时间来参与到乡村旅游中，同时也不缺少乡村旅游费用；第二，从人生经历来说，很多老年人是从农村走入城市的，对于农村生活先天就具有好感，因此在旅游时也倾向于乡村旅游；第三，乡村旅游或许缺少"刺激"感，较为平淡，但是这种平淡的生活恰恰是老年人所追求的；第四，乡村与城市的距离较近，生活方式也比较接近城市，因此老年人长期居住在乡村并不会产生生活的不适，同时较近的距离也能够减轻子女的担忧。

（三）学生市场

学生市场是一个出游率巨大的潜在市场，一直以来学校都有组织学生进行春游、秋游的习惯，这从本质上来说也是乡村旅游的一种表现形式，如果乡村地区能够把握这些机会，那么就可以将学生市场纳入乡村旅游范畴之内。但是乡村旅游地区也不能忽视学生市场的一些缺陷，例如学生市场的季节性特点十分显著，旅游的高峰期往往在寒暑假和节假日；学生市场对于安全要求较高，乡村旅游地区承担的风险较大等。

（四）都市白领市场

都市白领指的是那些学历水平较高、收入较高、工作时间较为稳定的一类群体，这类群体的一个显著特征就是追求生活质量，较高的收入决定了他们十分乐意尝试新鲜事物，而千篇一律的工作方式又加大了他们的工作和生活压力。因此，都市白领市场可以说是当前乡村旅游最大的潜在市场，农村良好的生态环境与独特的乡风民俗对于日复一日过着单调生活的都市白领有着强大的吸引力，他们也十分乐意花费一定的金钱来脱离城市，体验农家生活。值得注意的是，都市白领的工作与休息时间相对较为稳定，但是除了国家法定节假日之外，都市白领的休息时间并不是很长，因此乡村旅游产品的设计应当以"乡村一日游"为主。

（五）家庭旅游市场

在我国，家庭旅游市场的潜力从旅游业的发展现状来看并不是很大，由于家长的工作时间与孩子的放假时间并不是很一致，因此家庭共同出去旅游的机会并不是很多。但是从国际旅游的发展历程来看，家庭旅游可以说是一个重要的发展趋势，许多家长都喜欢带着孩子去旅行。因此，家庭旅游市场也具有一定的潜力，乡村旅游地区对此应当进行一定的准备，至少乡村旅游的特性决定了它很容易受到家庭旅游的青睐，例如危险性小、交通便利、花费较低等。

（六）入境游客乡村旅游市场

入境游客乡村旅游市场主要指的是国际市场，作为一个拥有悠久历史的国家，中国在国外友人的眼中一直以来都是一个神秘的国家，而改革开放的不断深入又放宽了国际游客的限制，使我国近年来国际游客数量迅速增加。而作为中国传统文化保留最为完整的地区，乡村对于国际游客也具有一定的吸引力，因此入境游客乡村旅游市场也是一个潜力丰富的市场。

（七）周末工薪阶层乡村旅游市场

实行每周5天工作制以来，人们的自由时间明显增加，给近距离旅游创造了很好的条件。随着交通状况的不断改善，城市上班族在周末走出城市已经成为一种时尚。为迎合这一潮流所做的乡村旅游开发，势必有很大的市场发展潜力。这部分客源的出游，大多数是单位组织或以同学、朋友聚会的方式，数量通常较大，但消费不算很高。

（八）城市个体、私营工商、服务业的业主市场

这些比较富裕的游客群体到乡下去，除了放松身心外，主要是利用乡村的环境和地理优势，用以招待客户和联络感情。在出游形式上，这部分客户大多自己有车，且经济宽裕，是目前乡村旅游非常重要的客源市场。

二、根据游客的心理需求划分的乡村旅游市场

可以说，每位游客选择乡村旅游的出发点都是不一样的，他们有着各自不同的动机和期望，而根据这种期望可以将乡村旅游市场分为以下七种类型：

（一）回归自然型

随着社会主义市场经济的不断发展以及城镇化建设进程的加快，城市居民接触大自然的机会越来越少，面对喧嚣的钢筋水泥丛林的压力也越来越大。这种情况下城市居民开始追求一种自然的生活方式，希望能够真正地感受到大自然的山山水水，这种需求从本质上来说是对人生价值的感悟，是从繁华到朴实的回归，是一种更高品质的追求。回归自然型的乡村旅游市场以这类游客为主。对于这类游客而言，乡村旅游地区只需要提供基础的衣、食、住、行服务即可，过多的人工雕琢痕迹只会影响他们的精神享受，例如现代的很多"驴友"就属于典型的回归自然型。他们不需要旅游地区提供多么便利的条件，只希望能够真正地感受到真实的大自然。

（二）缓解压力型

众所周知的是，在城市里每一个人都面临着事业、学业上的巨大竞争压力，快节奏生活方式使得每个人的生命之弦都时刻处于紧绷状态，这种情况下绝大部分城市居民都处于亚健康状态，也催生了城市居民到偏远地区放松心情、缓解压力的旅游业务。无论是如工蚁般劳作的白领蓝领，还是叱咤风云的商界巨子、大红大紫的艺坛明星，一旦能搁下手头的工作，也会欣然前往乡间，暂时改变自己的社会角色，享受尽管只是瞬间的身心放松。当他（她）眺望散落在大山褶皱里的座座农舍、如抖动水袖般的村外小河，聆听漫山遍野的浅吟低唱，或许会怦然心动，叹息良久——乡村，是疲惫心灵的最后家园。这类游客的数量较多，大都属在职、在校人士。他们希望参与轻松愉快的活动；希望观赏赏心悦目的景致，调节情思意趣。疲惫的身心经过这样的"充电"，返城后就能精力充沛地继续拼搏。

（三）取经学习型

取经学习型游客大致可以分为两种类型，一种是乡村之间的取经学习。部分乡村地区由于科学的经济发展对策以及得天独厚的资源环境，在诸多乡村之间成为领头羊，经济迅速发展，这种情况下其他地区的乡村为了学习特地组织团队进行参观考察，例如江苏的华西村每年都接待大量的学习团队，这些团队主要来自其他地区的乡村。另一种则是青少年到乡村学习。当前的青少年虽然早早地就接受教育，但是对于乡村的了解主要是通过书本实现的，对于实际的乡村生活与文化并不是很了解，因此部分学校与家长为了加强孩子的素质教育，特地组织学生到乡村体验生活，将乡村打造成孩子的第二课堂，在拓展孩子知识层面的同时也培养孩子高尚的道德情操。

（四）民俗体验型

中国民俗凝聚着数千年来华夏儿女对美好生活的追求、向往以及文化创造，它存在并渗透于社会生产与生活的广泛领域。然而，在很长一段时间里，由于某种原因造成的愚昧与偏见，一刀切地"破旧立新""移风易俗"，把民俗文化中的糟粕连同它的精华都如脏水般泼掉了。现在城里许多传统节日冷冷清清，民俗文化日渐式微，西方的传统节日却在中国喧宾夺主，真让人感觉有数典忘祖之嫌。幸而，保护物质或非物质的文化遗产已引起国人的关注，对包括当地居民的生活和民间历史传承的民俗——这个无可替代的活化石，开始像保护濒危物种般加以抢救，对已流失的加以挖掘，对残存的加以整理，使之发扬光大。幸而，在那些偏僻的乡村，老百姓一如厮守着老祖宗留下来的土地，依旧保留对自身习俗的那份坚持。于是，当传统的中国人越来越觉得过节单调乏味，发觉真情实感已像金钱一样挥霍殆尽，便试图冲破商业文化的牢笼，到乡野采风问俗，寻找魅力独特的、带着泥土的文化，跻身于喜气洋洋或神秘诡异的节庆活动中，在享受农家风情时，获得一种全新的印象或勾起一段遥远的记忆。这类游客既希望了解当地民俗，更希望能参与民俗活动。他们希望详尽了解目的地有关农耕、服饰、饮食、居住等方面的物质民俗，以及人生礼仪、岁时节令、节庆游艺等方面的社会民俗，并弄清其程式和寓意。

（五）收获品尝型

当前市场上商品种类繁多，价格便宜，各种应节与反季节蔬菜水果屡见不鲜，但是越来越多的人开始不喜欢从市场上买回现成的蔬菜水果，而是要亲手去采摘、去种植，一方面是多次曝光的食品安全问题加大了居民的担忧之心，对市场上蔬菜水果的信任开始下降，另一方面人们也增加了在劳动中体验那种收获的快感，因此到乡村地区种植、收获、品尝型旅游活动开始兴起。

（六）运动养生型

当今，成年人不管属于哪个阶层，何种职业，都把自身的健康摆在首位。有强健的体魄才能不断进取，不断打拼。没有健康的身体，即使有好的条件也享受不到生活的乐趣。经常去名山大川、度假胜地不可能，利用节假日休闲时光，到乡下散心、健身、健美倒挺方便，甚至逐渐成为时尚，乡村已经成为现代都市人心灵的桃花源。对于这类游客，到了目的地，停留的时间要较为宽松。

（七）缅怀岁月型

缅怀岁月型游客多以老年游客为主，这类游客大多生长于农村，后来随着经济收入的不断提高移居城市，但是家乡的那种生活方式与民俗风情始终流淌在脑海之中。在退休之前由于工作时间的限制，没有充足的时间去再次体验乡村生活，但是在退休之后越来越多的老年人选择在农村生活，一方面固然因为农村的生活较为平静，但是另一方面与这些人的缅怀心态也有着十分密切的联系。近年来，越来越多的"下乡知青"选择乡村旅游的一个主要原因就是为了缅怀以往岁月。

第四节 乡村旅游产品开发的创新设计

一、乡村旅游产品的品牌建设

品牌是市场经济条件下最重要的无形资产，21世纪也是品牌经济时代，产品之间的竞争表现在品牌的竞争。如何在乡村旅游产品市场中得到旅游者的认可，获得最佳经济效益，创建旅游产品品牌是关键，品牌的塑造是获得乡村旅游产品核心竞争力的重要手段。乡村旅游产品品牌的塑造要经历品牌主题定位、品牌设计和品牌传播推广三个阶段。

品牌主题定位主要解决乡村旅游产品的发展方向和主要功能定位。品牌主题定位要符合乡村旅游产品的内涵，要重视对乡村旅游产品特色的挖掘展示，不是任何旅游产品都能够成为旅游品牌，而要选择最具特色的旅游产品。品牌设计主要是为了在市场上获得与品牌主题定位一致的形象而对产品进行的一系列包装，以增强旅游者的感受、满意度和产品信誉度。一般要深入研究旅游产品的真正优势，通过一句精练的文字来体现，这句话能够把旅游产品的特色优势形象化地表述出来，同时文字要具备广告效应，能够打动旅游者的心，激发其旅游动机，并易于传播和记忆。最后一个阶段是进行品牌的推广。提高知名度和注意力需要品牌的有效推广和传播，持续的促销活动能给现实和潜在旅游市场造成强烈的视觉、听觉冲击，所以要采用报纸、杂志、电视、网络等媒体和多种促销组合手段，把产品品牌形象与内涵持久地传递给现实或潜在的旅游者，以在受众中树立并强化乡村旅游产品鲜明的品牌形象。例如河南温县陈家沟开发"太极之旅"等旅游项目，提出了"看太极发展史，学太极真功夫"的旅游产品品牌，感受太极之乡的特有风情。再如叶剑英元帅的故乡——广东梅县，是客家人聚集最集中的地区，梅县的客家文化是最典型和最具代表性的中国客家文化形态。客家先民定居在山区，山中田园生活是客家人的真实生存状态。而山居生活对人际交往的心理需求，又使客家人养成了热情好客的传统。此外，当年客家先民"衣冠南下"，大多出身于书香门第，历来有"耕读传家"的文化传统。广东梅县结合现代旅游市场的消费需求趋势，突出客家文化和田园风光，提出了梅县的旅游产品品牌形象——"山中田园诗，梅县客家情"。

二、乡村旅游产品主题设计

乡村旅游首先要做的是设定一个精练的主题，主题的设定是规划乡村旅游产品的关键所在。一般来说，科学的乡村旅游产品规划都是将一个固定的主题作为出发点，然后以主题为依托设计出一系列乡村旅游产品。

对于乡村旅游产品而言，主题的最大价值在于以下三个方面：第一，主题能够保证乡村旅游产品的规划始终围绕共同的核心，避免因产品种类繁多分散游客的注意力；第二，统一的主题有利于乡村旅游地区更好地营造旅游环境与氛围；第三，旅游主题的设定往往与当地的风俗民情相关，这能够保证乡村旅游的特色，避免其他乡村地区模仿。在设定乡村旅游产品主题时，旅游地区可以按照以下三种方式结合自身的特色进行设定。

（一）以乡村四季风景为主题的乡村旅游产品设计

这里主要指在一定的地形范围内，利用并改造自然地形地貌或者人为开辟和美化地形地貌，综合植物栽植或艺术加工，从而构成一个供人们观赏、游憩的具有特定主题的景观，达到游客欣赏自然、发现自然、感受自然的高层面的和谐氛围，使得自然资源的初级吸引力转变为更高层次的吸引力，凸现产品特色。

1. 田园之歌

在乡村的果园地区，以春花、夏果、秋叶、冬枝为主题。春赏花漫山野，夏品果熟田间，秋观红叶枝头，冬思枝横影疏，四季皆成美景。例如西藏的乡村地区天如纯蓝墨水一样蓝，云如绵羊的毛一样白，水或碧或蓝晶莹清澈。

2. 休闲田园

把乡村一年四季的农事活动与田园情趣的参与和观赏融为一体，为游客提供农事活动的内容，如栽秧、磨磨、车水、割麦、打场晒粮等，让游客亲身感受农耕文化，体验古代农民劳动的艰辛和快乐，还可设计花卉园艺观光园、蔬菜种植园、茶园、水乡农耕观光园、特种植物园、特种养殖园等。

3. 生态园林

比如在开发"竹乡游"时，可以突出"做客竹乡农家，亲近美好自然"的主题，让游客吃竹宴，住竹楼，观竹海，坐竹椅，睡竹床，买竹货。

（二）以乡村实体景观为主题的乡村旅游产品设计

实体景观一直以来都是以观光为主，但是近年来实体景观旅游产品的设计也逐渐地多样化，最为常见的是根据景观的类型来有针对性地设计出相应的旅游产品，从而增加旅游产品的内涵。例如根据"桃李不言，下自成蹊"成语中"桃李"的象征意义来设计以学子谢师或者教师度假为主题的旅游产品，以此来吸引毕业考试之后的学生游客或者节假日期间的教师群体；再比如对"荷花"这一实体景观进行旅游产品设计，可以根据荷花的亭亭玉立，出淤泥而不染的特点来设计出以医护人员高洁的品质为主题的"白衣天使游"旅游产品，也可以利用荷花亦被称为莲花，通过莲与廉的同音，以周敦颐的《爱莲说》为文化主题，针对公务人员开展"爱莲（廉）之旅"。

（三）以地方民俗为主题的乡村旅游产品设计

1. 欢乐农家

欢乐农家产品的设计主要是以乡村常用的农耕与生活工具进行设计，例如将乡村的织布机、石磨等与谷子、玉米放在一起，塑造一个传统的农家形象，游客可以在其中享受传统的农耕方式，感受收获的喜悦。

2. 童真乐园

童真乐园顾名思义，主要是针对儿童游客设计的。该设计主要是利用城市儿童不常接触的乡村孩子娱乐项目进行设置，例如踢毽子、推铁环、弹弹子、玩泥巴、踩高跷等。

3. 农家宴

农家宴这一旅游产品既凸显了乡村生活的特点，也为游客提供了饮食服务。例如"田里挖红薯、村里吃土鸡"，感受了一天的乡村野趣，再在田园茅草屋下吃上一顿地道的农家大餐，如米汤菜、红薯稀饭、土鸡土鸭，是既饱了眼福、手福，又饱了口福。在东北吃大锅贴饼子、"笨鸡"炖蘑菇、水豆腐、土豆炖茄子、山鸡等纯天然绿色食品。

4. 农家作坊

可以说几乎每个村庄都有自己的"独门绝活"，对此乡村旅游地区可以充分利用，增设几处农家作坊，挖掘传统技艺，如弹棉花作坊、豆腐作坊、磨面作坊、铁匠作坊、竹刻根雕作坊等，展示各种已被现代文明取代的劳作方式，使游客可以欣赏乡村的古朴意味。

5. 农家听戏

在周末或节假日，可以在农田空地上搭建戏台，进行具有民俗特色的表演。如腰鼓、大头娃娃、跑旱船、秧歌、扇舞、戏曲等。

6. 民俗演绎

演绎祭灶神、祭祖、婚嫁等民间节庆的生活习俗。游客可以参与其中，扮演新郎、新娘或主婚人等，亲身体验坐花轿、游后山、抛绣球等活动。如汉族民俗：春有"踏青节"为主题的民俗活动；夏有"七夕节"为主题的民俗活动；秋有"中秋节"为主题的民俗活动；冬有"闹春节"为主题的民俗活动。

7. 动物欣赏

虽然说与城市的一些养殖园相比，乡村的动物种类并不是很多，但是仍旧有其乐趣所在，对此可以设计观赏鱼类和农家小动物，如开展"好汉捉鸡"等活动。

8. 乡村购物

乡村购物也是一项可以设计的旅游产品，例如每隔一天或者一周的赶集，固定时间的庙会等，游客可以在此购买民间工艺品、刺绣、瓜果、干果等。

9. 节庆活动

如乡村地区通过开展"乡村青年文化节"活动，组织推出一批学用科技、致富成才、民族团结、移风易俗、美化环境、文体活动等方面的品牌活动，有效带动乡村青年文化活动开展，丰富以农村青年文化生活为主题的乡村旅游。这些文体活动包括文艺演出（小品、相声、音乐、舞蹈）、健美操比赛、赛诗会、读书心得、知识竞赛、板报比赛、歌咏比赛、演讲会、青少年长跑、公映爱国主义影片等。

10. 体育竞赛

开展乒乓球、篮球、排球、帆船、雪橇、滑雪等体育竞赛活动；拔河、赛龙舟、赛马、叼羊、竹铃球、射箭、舞狮、空竹、马球、捶丸、蹴鞠等民族传统体育活动；武术、太极拳、气功、中国式摔跤、中国象棋、围棋等传统体育项目。

三、乡村旅游产品营销推广

（1）各地方政府在进行交流时要主动宣传自身的乡村旅游产品，政府的主动宣传能够提高大众对乡村旅游产品的信任度。

（2）邀请旅行社与新闻媒体来进行参观是推广乡村旅游产品的一个重要途径，正所谓耳听为虚眼见为实，旅行社作为旅游活动的发起人，新闻媒体巨大的影响力都能够帮助乡村旅游地区将旅游产品推广出去。

（3）在互联网时代，制作专门的形象与产品宣传片对于旅游产品的推广具有十分重要的意义，它能够帮助潜在客源更为直观地了解旅游产品，激发他们的旅游动力。

（4）将旅游产品的品牌通过营销宣传册、形象宣传片、网站介绍、信息中心、旅游纪念品、旅游宣传品等媒介反复应用，强化旅游产品形象。

（5）举办节事活动，参加节庆活动、展销会、博览会、旅游交易会；集中大量媒体的传播报道，迅速提升旅游产品的知名度和美誉度。

（6）邀请电影或电视剧的摄影组到景点来选取外景，优秀的影视作品会对旅游产品起到良好的宣传作用。

（7）通过专题新闻报告、专题性学术会和电视综艺节目等多种运作形式，将旅游产品宣传出去。

（8）通过举办摄影、绘画、作文等系列比赛和优秀作品展览活动，或通过定期举行门票抽奖活动，使旅游与竞技、旅游与知识、旅游与幸运相结合，达到扩大景区影响、树立景区名牌、提高到访率和重游率的效果。

第四章
乡村旅游营销创新

第一节 旅游营销的概述

一、营销的内涵

（一）什么是营销

从社会学的角度来看，营销指的就是个人或者企业通过创造、提供、出售并同别人自由交换产品和价值，获得所需的一种社会和管理过程。

从管理学的角度来看，营销也常被称为不可描述的推销艺术。但是这种定义近年来逐渐受到国内外专家的质疑，越来越多的专家认为推销只是营销的一部分，将营销简单地与推销等同起来是一种错误的做法。正如知名的管理学家彼得·德鲁克在其著作《卓有成效的管理者》中所言："可以设想，某些推销工作总是需要的，然而，营销的目的就是要使推销成为多余。营销的目的在于深刻地认识和了解顾客，从而使产品或服务完全适合顾客的需要而形成产品自我销售。理想的营销会产生一个已经准备来购买的顾客。剩下的事就是如何便于顾客得到这些产品或服务。"从该论述我们可以看出，营销的根本宗旨是促使顾客了解这些产品，从而产生购买欲望，而推销则是一种以促使顾客购买产品为目的的销售行为，营销的内涵较之推销毫无疑问更加的深刻。

从当前学术界关于营销的内涵研究现状来看，美国营销协会（American Marketing Association）对于营销的定义得到了大部分专家的认可。该协会认为营销是一种计划和执行关于商品、服务和创意的观念、定价、促销和分销，营销的根本目的是创造符合个人和企业目标需求。

美国营销协会关于营销的定义主要具有以下五个内涵：

第一，营销的主体可能是营利性企业，也可能是非营利组织机构，这与传统的营销界定仅仅局限在营利性企业身上是截然不同的。例如企业或者个人出售商品和服务是一种营销活动，但是学校所提供的教育服务、医院所提供的医疗服务、城市的经济建设等从本质上来说也是一种营销活动。

第二，营销的对象不仅仅包括商品和服务，思想、观念、创意等也是营销的重要对象。

第三，对市场环境进行科学的分析，准确地选择目标市场．确定最终的产品开发项目，结合市场供需对产品进行定价，选择合适的促销手段等是营销活动的主要内容。一般来说，能够对营销效果产生影响的因素主要有两种：一是企业所不能控制的因素，例如政治因素、法律因素等；另一种则是企业能够控制的因素，例如生产成本的控制、分销渠道的选择等，这些能够控制的因素一旦出现问题，最终的营销效果自然大打折扣。

第四，对顾客的需求进行引导，进而满足顾客的需求是营销活动的基本出发点。从这个角度来说，营销活动必须以顾客为中心，面对不断变化的市场环境及时做出正确的反应，从而满足在不同市场环境下顾客的不同需求。值得注意的是，顾客的需求不仅仅局限在现在的需求，更包括未来的需求。良好的营销活动总是能够在满足顾客现在需求的同时刺激和引导顾客，从而创造出源源不断的未来需求。

第五，实现个人和企业的目标是营销活动的根本目标。虽然说营销活动是围绕顾客展开的，为顾客服务的，但是归根结底是为了实现个人和企业的目标。对于营销人员而言，营销活动的好坏与否决定了自己的经济收入和地位，而对于企业而言，营销活动能否取得应有效果则决定了企业的经济效益和市场竞争力。可以说,一切市场交易行为都是通过营销活动来完成的。

从上述关于营销内涵的解释我们可以看出,营销不是一种简单的推销活动,它需要相当多的工作和技巧,因此将营销视为一门学科和艺术是毋庸置疑的。

尽管到目前为止对营销的定义仍然是各种各样的,其主体、观点和侧重点也不尽相同,并且随着时间的变化而变化。但在"营销"的一些核心要素和基础性质方面,仍具有相同之处。这些相同之处主要有以下九点:

第一,顾客的满意度是评价营销活动的一个基本指标。

第二,营销活动是在市场环境中进行的,因此准确的识别市场机会,最大限度地利用市场机会是营销活动的一个基本方法。

第三,不同的产品和服务所针对的顾客群体是不同的,因此良好的营销必须要准确地选择目标顾客。

第四,营销活动所带来的一个直接后果就是促进市场交易的繁荣。

第五,在动态的环境中保持领先。

第六,营销是一门对创新能力要求较高的学科,只有不断地创新才能够保证营销活动取得应有效果,从而战胜现实和潜在的市场竞争者。

第七,对现有的资产和资源进行有效的利用是营销的基础。

第八,增加市场份额是营销活动的一个基础出发点。

第九,所有的营销活动都是为提高企业的盈利能力服务的。

这些要素是当今营销学者广泛同意的。但正如营销学家迈克尔·贝克(Michael J. Baker)所说,"给出单一的定义不是我们的宗旨",营销本身应具有适应性、灵活性、国际性和开放性。对于企业而言,"所有的成功经营都是营销导向的……关键问题是在于生产者或销售者头脑里的想法——即他们的营销哲学。如果这种营销哲学里包含了对消费者需求和需要的考虑、对所追求的利益和满意度的欣赏、对建立对话和长期合作关系所付出的实实在在的努力,那么这就是一个营销哲学,而不必考虑组织中是否拥有标记为'营销'的人员或职能。"

(二)营销观念的演变

从本质上来说,企业的一切经营行为都是一种营销行为,如此营销观念其实指的就是企业的经营指导思想和观念。企业的经营指导思想并不是一成不变的，社会生产品的提高、商品经济的发展、市场供需的变化等都会对企业的经营指导思想产生一定的影响。纵观历史，企业的营销观念大致经历了四个阶段：

1. 生产观念（Production Concept）

生产观念指的是将生产作为企业经营中心的一种营销观念。该观念的一个基本观点就是，生产是最为重要的，只要能够生产出有用的产品和服务，那么该产品和服务就一定能够被销售出去。对于顾客而言，他们最为关注的是产品和服务的价格以及获得产品的便利程度。这一观念是社会市场需求大于供给背景之下的产物，例如古代的旅馆、驿站等就是生产观念的直接体现，这些产品虽然提供的服务十分有限，但是在那个需求大于供给的时代背景下并不愁销路。

从我国旅游业发展的角度来看，在旅游业发展的初期，在人民收入水平迅速提高的背景下，处于发展初期阶段的旅游业明显地面对需求大于供给的现状，如此一来交通、饮食、住宿等服务供不应求，在这种情况下自然产生了生产观念，很多企业认为只要有相应的服务就能够销售出去。但是随着旅游业走上健康的发展轨道，企业之间的竞争日趋激烈，这种情况下生产观念也逐渐失去了生存空间。

2. 产品观念（Product Concept）

产品观念指的是将产品作为营销核心的一种企业经营思想。产品观念认为产品是企业经营成败的关键要素，质量最优、性能最好、价格最低的产品总能够获得消费者的认可，帮助企业赢得市场竞争优势。在产品观念的影响下，企业一直将经营的重心放在产品和服务的创新上，并不断地对产品和服务进行优化。

与生产观念相比，产品观念毫无疑问是一个巨大的飞跃。从旅游业的发展角度来看，产品观念诞生在旅游市场逐渐饱和的背景之下，旅游市场的饱和也意味着旅游企业之间的竞争逐渐激烈，各旅游企业所存在的差异并不是很明显，这种情况下越来越多的旅游企业开始依靠独特的产品服务来获得消费者的认可，例如高品位的旅游景点、一站式的旅游交通、豪华的住宿饮食服务等。

值得注意的是，产品观念并不是完美无缺的，它很容易导致一个问题，即过分地重视产品或者服务的质量，导致企业对市场的需求没有给予足够的重视，从而出现了这样一个问题，当游客对旅游产品不满意时，旅游企业的第一印象不是自身的产品和服务出现问题，而是责怪游客不识货。

3. 推销观念（Selling Concept）

推销观念指的是将销售作为核心的企业经营思想。该观念认为，消费者对于产品和服务往往处于一种"购买"和"不购买"的摆动之间，如果听之任之，那么消费者购买该产品与不购买该产品的概率各占一半，这种情况下推销活动就会提高消费者购买产品的概率，尤其在同类产品众多的今天，产品的替代性更使得推销的重要性凸显出来。

经过长期的实践与研究，推销已经形成一门专门的学科体系，拥有独特的应用理论。推销观念固然是市场激烈竞争下一种提高市场占有率的有效手段，但是推销并不是万能的，很多老化的产品哪怕拥有再好的推销手段也无法销售出去。这一点在国内旅游产业上体现得尤为明显，我国观光型旅游产品在国际旅游市场上推销效果并不是很理想，虽然说与我国的旅游推销意识和手段有着一定的关系，但是最根本的原因仍旧是我国的观光型旅游产品过于老化，与国际游客的旅游需求不相符合。

4. 营销观念（Marketing Concept）

（1）营销观念的含义。营销观念是针对上述三种观念面临的挑战而出现的一种企业经营思想。该观念认为：实现组织诸目标的关键在于正确确定目标市场的需要，并且比竞争对手更有效、更有利地传送目标市场所期望满足的需要。营销观念与生产观念恰恰颠倒了过来——顾客需要什么样的产品和服务，企业就提供这些产品和服务。

营销观念的形成是以卖方市场转为买方市场为背景的，在当今国际和国内旅游业竞争日趋激烈的大环境下，以顾客为中心的营销意识冲击着现代旅游业的经营者们。例如"客人就是上帝""宾客至上""客人就是衣食父母""客人总是对的""您就是这里的主人"等，屡见于旅游业的宣传口号之中。概言之，营销观念要求企业"提供你能够售出去的产品"，而不是"出售你能够提供的产品"。

（2）顾客让渡价值。在现代营销观念指导下，企业应致力于顾客服务和顾客满意。而要实现顾客满意，需要从多方面开展工作，并非人们所想象的只要价格低就万事大吉。事实上，消费者在选择卖主时，价格只是其考虑因素之一，消费者真正看重的是"顾客让渡价值"。

顾客让渡价值是指顾客总价值与顾客总成本之间的差额。顾客总价值是指顾客购买某一产品与服务所期望获得的一组利益，包括产品价值、服务价值、人员价值和形象价值等。顾客总成本是指顾客为购买某一产品所耗费的时间、精神、体力以及所支付的货币资金等。因此，顾客总成本包括货币成本、时间成本、精神成本和体力成本等。

由于顾客在购买产品时，总希望把有关成本包括货币、时间、精神和体力等降到最低限度，而同时又希望从中获得更多的实际利益，以使自己的需要得到最大限度的满足。因此，顾客在选购产品时，往往从价值与成本两个方面进行比较分析，从中选择价值最高、成本最低，即顾客让渡价值最大的产品，作为优先选购的对象。

（3）4C营销观念。传统的营销理论可以用"4P"营销理论来概括，即将产品（Product）、价格（Price）、渠道（Place）、促销（Promotion）作为实现营销目标的首要选择，认为良好的产品、较低的价格、优质的分销渠道结合不断的促销活动能够帮助企业的产品和服务顺利占领市场。但是从顾客让渡价值的角度来看，传统的营销手段虽然给顾客带来的利益是显而易见的，然而这种客观的利益则完全由顾客的主观意识决定，例如一个能够给顾客带来诸多利益的产品和服务，但是在顾客的思维中，企业的这种手段仍旧为其获取绝大部分利益，因此对于企业的营销手段自然会产生抗拒之心。这种情况下，美国营销学家罗杰·卡特赖特在其著作《市场营销学》中提出了有别于传统"4P"营销理论的"4C"营销观念，①该理论主要包括以下四个方面的内容：①瞄准顾客（Customer）需求，即根据顾客现有的市场需求以及为了可能产生的需求来有针对性地生产产品。②了解顾客的成本（Cost），即在进行营销之前要明确顾客为了满足自身的需求愿意花费多少时间、金钱、精力，而不是从企业的利益出发对产品和服务进行定价，然后采取促销活动进行让利。③顾客的便利性（Convenience），即在营销时要考虑到顾客购买产品和服务的最便利途径。④与顾客沟通（Communication），即通过互动、沟通等方式，将企业内外营销不断进行整合，把顾客和企业双方的利益有效地整合在一起。

（三）关系营销

1. 关系营销的含义

关系营销虽然仍旧属于营销学的范畴，但是与传统的以交易为核心的营销相比，关系营销具有属于自身的特点。所谓的关系营销指的就是将营销活动视为一个企业参与消费者、供应商、分销商、竞争者、政府机构以及其他公众发生互动作用的过程，关系营销的根本目的是帮助企业与其他社会群体建立良好的关系。

2. 关系营销的特征

与传统的以交易为核心的营销活动相比，关系营销的特色主要集中在对待顾客的态度上，其具体表现在以下四个方面：

第一，交易营销关注的重点是一次性交易，即促使顾客购买产品，产品购买之后顾客的回购率则不在交易营销的考虑范畴之内。而关系营销则注重保持顾客，哪怕顾客没有购买的欲望，关系营销也会一视同仁地为顾客提供相关服务。

第二，交易营销很少强调顾客服务。而关系营销则高度重视顾客服务，通过培养顾客的忠诚度来使得顾客成为自身企业的长期消费者。

第三，交易营销很少有消费前后的承诺，而关系营销则有充分的顾客承诺。

第四，交易营销认为产品与服务的质量应当是生产部门的职责，销售部门不关注产品与服务的质量。而关系营销则认为所有部门都应当重视产品与服务的质量。

关系营销的本质大致可以概括为以下五点：

第一，双向沟通。在关系营销理论看来，沟通应当是双向的而不是单向的，顾客与企业之间的沟通、企业与企业之间的沟通是实现信息交流和共享的根本途径。

第二，合作。对于关系营销而言，没有绝对的竞争对手，相反，双方的合作能够更好地发挥自己的优势，实现双赢。

第三，双赢。关系营销的一个基本出发点就是通过合作来维持双方的利益，而不是在不必要的市场竞争中造成损失。

第四，亲密。双方的亲密度决定了关系的稳定与发展，因此关系营销一直以来都是将加强双方的亲密度作为活动的一个重心。

第五，控制。对于关系营销而言，顾客、分销商、供应商乃至社会大众是一个统一的整体，为了更好地对这些群体进行了解，需要建立专门的部门来跟踪他们，以此来保证能够及时地采取各种措施消除关系中的不稳定因素。

3. 4R营销理论——关系营销新理念

4R营销理论是美国营销学专家唐·舒尔茨（Don E·Schultz）教授提出的一个新概念，该概念是对关系营销的总结和升华，阐述了一种新的关系营销理念，具体如下：

（1）关联（Relevancy）。4R营销理论认为，企业和顾客从根本上来说在利益上是相互联系的，两者可以说是一个命运共同体。因此，与顾客建立并保持长期的关系是企业经营管理的主要内容，这也就意味着企业与顾客建立联系时必须站立在平等的角度，认真地听取顾客关于企业的一系列建议，充分了解顾客的现实需求与潜在需求，企业的一切经营行为都是为满足顾客需求而服务。只有这样才能够让顾客在消费活动中得到更多的实惠，增加顾客对企业的认同感，最终实现企业与顾客形成互助、互求、互需关系的目标，最大限度地减少顾客流失的可能性。

（2）关系（Relation）。在企业与客户的关系发生了本质性变化的市场环境中，抢占市场的关键已转变为与顾客建立长期而稳固的关系，与此相适应产生五个转向变化：①从以一次性交易为目的转变为以建立友好的合作关系为目的。②从重视眼前的利益转变为重视长远的利益。③从顾客被动地接受企业各种产品转变为顾客主动地参与到企业产品的设计与生产中。④从相互的利益竞争转变为双方合作实现共赢。⑤从单纯的营销管理转变为企业与顾客之间的良性互动。

（3）反应（Response）。在当下市场环境中，对于企业而言，最重要的不是对企业的生产与销售进行控制、制订和实施计划，而是如何站在顾客的角度倾听顾客的需求，再进而做出反应满足顾客的需求。在这种情况下，企业的反应速度就显得尤为重要，反应机制越完善的企业所能够生产的产品与顾客的需求也就越契合，对顾客的吸引力也就越大。例如在销售同类产品时，如果一家企业能够最快地对顾客的抱怨做出反应，那么这家企业就会在激烈的竞争中获得顾客的认可，从而占领先机，取得竞争优势。

（4）回报（Return）。任何交易与合作关系的巩固和发展，对于双方主体而言，都是一个经济利益问题，因此，一定的合理回报既是正确处理营销活动中各种矛盾的出发点，也是营销的落脚点。对于企业来说，营销的真正价值在于其为企业带来短期或长期收入和利润的能力。一方面，追求回报是营销发展的动力；另一方面，回报是企业从事营销活动，满足顾客价值需求和其他相关主体利益要求的必然结果。企业若满足顾客需求，为顾客提供价值，顾客必然给予货币、信任、支持、赞誉、忠诚与合作等物质和精神的回报，而最终又必然会归结到企业利润上。

二、旅游服务的特征

由于服务是构成旅游客体的主要要素，旅游企业及其营销人员必须首先要关注旅游服务（Travel Service）的一些基本特征。

（一）无形性

与那些能够看得见、摸得着的产品不同，服务从本质上来说是一个抽象的概念，顾客在购买之前是无法切实地感知服务的。例如在坐上飞机之前，顾客虽然进行了消费，但是对于飞行服务却没有一个明确的感知，哪怕是在坐上飞机后，顾客唯一能够感知到的就是自己的出行需求得到了满足，但是满足的质量如何却无法进行判断。再比如住宿，顾客肯定无法将自身所住的客房随身携带，事实上，顾客并不拥有客房的所有权，拥有的只是客房空间和物品的使用权，在消费结束之后，顾客所获得的除了一张收据之外别无其他。

（二）不可分割性

但从旅游的角度来看，旅游服务中，服务者与顾客绝大部分是同时在场的，两者具有不可分割的特性。值得注意的是，这里的服务者并不局限于"人"，而是各种服务设施。例如顾客在享受迪士尼乐园的服务时，只有亲自前往迪士尼乐园才能够享受这种服务，这个时候顾客与服务者是同时在场的。

服务的不可分割性意味着顾客是产品的一部分。比如，一对夫妇选择一家饭店就餐，可能是因为那里雅静而浪漫，但倘若一个吵吵嚷嚷的会议团队也坐在同一个大厅就餐，这对夫妇就会大失所望。因此，管理人员必须对顾客加以管理，这样才能避免他们做出令其他顾客不满的事情来。不可分割性的另一个方面是顾客和服务者必须都了解整个服务运作系统。比如，纽瓦克假日旅馆（Holiday Inn Newark）对于国际旅游者来说并不陌生。许多顾客在这里用现金或旅行支票付账，因为他们不用信用卡。人们不止一次地发现，前台服务员用电话回答那边抱怨房间电影播放系统不工作的顾客。服务员必须向他们解释说，那是因为他们没有预付这笔费用，他们只预付了房费。所以要让其工作，顾客必须先到前台来付费。显然，听到这种解释的顾客一定会很恼火。实际上，饭店若是先问一下顾客是否愿意为一些可能收费的项目（比如室内电影）预付一笔钱，这个问题就避免了，与顾客的关系也就改善了。服务的不可分割性要求旅游组织的管理人员既要管理好员工，又要管理好顾客。

（三）变动性

服务并不是一成不变的，相反，由于人是服务的主体，服务的质量也就处于时刻的变化之中。提供服务的人、地点和时间等都会对服务造成一定的干扰。导致这种现象的原因在于服务产品提供与生产同时进行，服务者与顾客的不可分割性决定了服务是现场生产、现场使用的，虽然服务技巧能够在一定程度上提高服务质量，但是顾客本身的差异，例如知识水平、兴趣爱好等也会对服务产生一定的影响。例如在同一个景点，同一个导游，有的顾客乘兴而返，而有的顾客却败兴而归，出现这种现象的原因并不在于服务者本身，而在于游客的需求使实际供给出现了偏差。

服务的变动性特点所带来的一个直接后果就是旅游服务出现了"形象混淆"，从而导致旅游产业中顾客投诉现象屡见不鲜。例如同一个旅行社通过两家不同的分社来向顾客提供服务，可能出现一家分社的服务质量明显地高于另一家，这种情况下服务好的那家分社的顾客就会对旅行社产生好感，而差的那家顾客则会认为旅行社服务质量较差，这也是网络上大部分旅行社评价好坏不一的根本原因。

（四）不可贮存性

由于旅游服务产品的无形性和生产与消费的不可分割性特征，旅游服务产品也具有不可贮存性特点，即旅游产品并不能够如同各种工业产品一样事先生产贮存起来，在未来紧需的时候再进行销售。当然，服务产品虽然不能提前生产，但是服务产品的生产设施——服务设施却是可以预先准备好的。例如一家宾馆共有 100 间客房，这种情况下哪怕顾客再多，宾馆所能够提供的服务产品也不会超出 100 间客房。而顾客再少，宾馆也不能将没有销售出去的客房储存起来次日销售。对于旅游业而言，旅游服务产品的不可贮存性特点所带来的一个直接后果就是旅游市场极易出现供需不平衡问题。例如在旅游旺季时，旅游服务产品往往供不应求，但是服务者却没有办法生产更多的产品。而在旅游淡季时，旅游服务产品往往供大于求，服务者只能够面对损失，因此如何处理旅游市场的供需弹性波动也是一个极为重要的问题。

（五）缺乏所有权

缺乏所有权指的就是在生产和消费的过程中，旅游服务产品不涉及任何的所有权转移，这也是旅游服务产品的无形性和不可贮存性特征所决定的。正是由于旅游产品的无形性与不可贮存性，顾客事实上并没有对产品产生实质性的拥有。以乘坐飞机为例，顾客虽然能够通过乘坐飞机从一个地方飞往另一个地方，但是在这一过程中，顾客除了手中的机票和登机牌之外，并没有拥有任何东西，如此自然不会产生所有权。

对于旅游业而言，所有权的缺失所带来的后果就是顾客在购买旅游产品时往往会感受到较大的风险，虽然说服务者一再地对产品进行宣传，但是对于顾客而言，由于无法直接感知这些产品，因此风险相对较大。这种情况下如何帮助顾客克服这种心理就是营销人员所要面对的第一个问题，目前比较普遍的做法是通过会员制度来维持顾客和企业的关系，使得顾客在心理上觉得自己拥有了所有权，即拥有企业所提供的各种服务。

三、旅游营销的内涵

旅游营销是营销的一个分支，它具有营销的一般内涵，但是却不能将旅游营销与一般的营销活动简单地等同起来。对于旅游营销可以这样进行界定：旅游营销指的是旅游企业或者个人为了实现经营目标，对思想、产品和服务的构思、定价、促销和分销的计划和执行的管理过程。

从上述概念中可知，旅游营销具有三层含义：

（1）旅游营销是以交换为中心，以旅游者需求为导向，以此来协调各种旅游经济活动，力求通过提供有形产品和无形服务使游客满意来实现旅游企业的经济和社会目标。

（2）旅游营销是一个动态过程，包括分析、计划、执行、反馈和控制，更多体现的是旅游企业的管理功能。旅游营销是对营销资源（诸如人、财、物、时间、空间、信息等资源）的管理。

（3）旅游营销适用范围较广。一方面体现在旅游营销的主体广，包括所有旅游产品供给组织或企业；另一方面旅游营销的客体也很多，不仅包括对有形实物的营销，更包括对无形服务的营销，以及旅游企业由此而发生的一系列经营行为。

第二节　现行乡村旅游营销方式

一、价格营销

价格营销是一种最为常见的营销方式，被广泛地应用于乡村旅游营销中，主要是通过产品的定价策略表现出来的：作者在此会对国内乡村旅游一些常见的产品定价策略进行简单的介绍。

（一）新产品定价策略

新产品的定价是旅游营销的一个十分重要的问题，新产品的定价策略是旅游企业常用的一种价格营销策略。一般来说，旅游企业在对新产品定价时大多采用以下两种定价策略，以获得竞争优势：

1. 撇脂定价策略

所谓撇脂原意指的是在鲜奶上撇取乳酪，取得鲜奶的精华。而用在产品定价上，撇脂定价策略则主要指的是利用产品当时没有竞争对手的优势来提高产品的价格。这种定价方式虽然与传统的降价促销有着巨大的差别，但是毫无疑问也是一种价格营销策略，原因在于两个方面：一个是对于消费者而言，"便宜没好货"的观念已经深入人心，同时市场上有没有同类产品可供比较，这种情况下价格较高反而更容易获得消费者的认可；另一个则是撇脂定价策略更有利于后期的促销活动，巨大的折扣等促销手段并不会影响企业的经济效益。

2. 渗透定价策略

渗透定价策略指的就是以低于预期价格的价格将产品投入到市场中，简单地说就是以低于市场价的价格来销售产品，这种定价方式往往用于市场上同类产品众多的环境下。渗透定价策略从本质上说就是一种低价营销方式，它能够更快地帮助企业产品获得市场的认可，从而打开销路，提高产品的市场占有率。

对于新产品而言，以上两种定价方式各有优势。在确定定价策略时，企业需要充分考虑以下几个因素：

第一，新产品的供应能力。如果企业的人力、物力、财力较为充足，能够保证市场上产品的供应，那么可以采用渗透定价策略；反之，如果企业的生产能力有限，那么应当选择撇脂定价策略。

第二，竞争对手的状况。如果企业的产品在进入市场时没有竞争对手，并且企业能够保证自身产品的专业壁垒较高的话，那么撇脂定价策略是一个良好的选择。如果企业的产品在市场上已经有诸多的同类产品，那么应当选择渗透定价策略。

第三，新产品的市场需求前景。如果新产品的市场需求前景较为广阔，那么企业可以采用渗透定价策略，通过薄利多销的方式来获得收益；反之，如果现产品只适用部分特殊群体，那么撇脂定价策略则是最为理想的选择。

（二）折扣策略

折扣策略指的是旅游企业为了扩大市场占有率，采用打折的方式来鼓励游客积极地购买旅游产品。目前乡村旅游的折扣营销策略主要有以下四种：

1. 数量折扣

顾名思义，数量折扣指的就是购买的产品数量越多，折扣也就越大。而数量折扣又可以细分为累积数量折扣，即根据长期购买的次数来获得不同的折扣优惠；一次性数量折扣，即在一次性购买相应数量的产品时能够获得折扣优惠。乡村旅游企业目前主要采用的是一次性数量折扣营销方式，原因在于虽然累积数量折扣更有利于乡村旅游企业的发展，但是由于企业已经在乡村旅游的基础设施上投入了大量的财力，因此急需收回资金。而乡村旅游有相当一部分是以家庭的方式出游，因此一次性数量折扣并不会受到冷落。当然，也有部分乡村旅游企业通过"会员"的方式来为游客提供折扣，即游客通过企业进行了多少次旅游之后能够享受一定的折扣优惠。

2. 同业折扣和佣金

同业折扣是旅游企业给予旅游批发商和零售商的折扣。例如：加强与旅行社的合作是饭店营销工作的重要内容。饭店给予旅行社的折扣和佣金数量是旅行社是否向饭店介绍客人的重要因素，"十六免一"是目前通行的做法。

3. 季节折扣

乡村旅游是一个季节性较强的产业，在收获季节或者节假日乡村旅游常常人满为患，但是在农闲季节或者工作日，乡村旅游对于游客的吸引力就会迅速下降，这种情况下乡村旅游企业就会通过季节折扣的方式来鼓励游客购买旅游产品。例如在旅游淡季，乡村旅游景点的门票、住宿等价格都会打折等。

4. 现金折扣

现金折扣指的是一种预付款折扣，即游客如果选择提前付款，那么就会享受一定的折扣优惠。对于乡村旅游企业而言，已经选择付款的游客毫无疑问是确定参加旅游的，而那些没有付款的游客仍旧存在一定的变数，放弃旅游也是常有之事，因此企业会对那些提前付款的游客提供相应的折扣，以此来稳定游客群体。

（三）心理定价策略

心理定价策略就是根据顾客的消费心理，通过定价来刺激他们购买某项旅游产品的积极性。该策略主要包括尾数定价策略和声望定价策略。

1. 尾数定价策略

尾数定价指的是利用顾客喜欢价格便宜，对价格上升幅度较大的产品难以接受的心理进行定价。尾数定价策略被广泛地应用于营销活动中，乡村旅游也不例外。在实践中我们可以发现很多乡村旅游产品的尾数都是以10为单位的整数，例如农家乐一日游98，乡村野菜9.8一斤等，这种价格事实上与100、10的差距并不是很大，但是对于游客而言，98是两位数定价，而100则是三位数定价，会对98的定价更为认可。值得注意的是，一些比较知名，以高消费群体为主要客源的乡村旅游企业则不会采用这种定价方式，原因在于对于高消费群体而言，带有尾数的价格本身就是产品质量较低的体现。

2. 声望定价策略

声望定价策略就是利用名牌战略效应吸引旅游者消费。名牌产品价格适当高于一般产品价格，客人也可以接受。例如：著名的香港海洋公园的价格比同类娱乐设施就要高一些。又如：客人经常把客房价格看作是客房质量的反映，也有的客人把购买高价客房作为提高自己声望的一种手段。据此，饭店应有意识、有限度地提高客房价格。

运用声望定价策略应注意以下原则：

第一，要寻找以购买高价产品来提高自己声望的目标市场。

第二，低价产品最低不能低于客人所愿意支付的最低价格。

第三，历史名人曾消费过或居住过的产品和地方，也可采用声望定价策略。

二、广告营销

广告一直以来都是一种十分有效的营销手段，尤其在信息交流日益便利的今天，广告对于企业而言更为重要，好的广告能够拉近企业与顾客之间的距离，帮助企业更为迅速地占领市场。一般来说，广告营销主要是沿着以下四大步骤进行的：

（一）确定广告目标

如同其他的营销活动一样，广告营销首先要做的就是确定广告目标。一般来说，广告目标与企业的整体发展目标是一致的。选定何种广告目标极大地影响着广告所需的经费和设计的内容。例如：一个老牌的乡村旅游产品名气很大，在社会上已获得认可，只要制订一个维持性计划，使用少量维持性经费就足够了。但是，如果是在一个特殊的地方向陌生的公众介绍一个全新的乡村旅游产品，经费较少的广告计划与预算显然就不合适了。

（二）确定旅游广告的内容

乡村旅游广告的根本目的是帮助潜在游客更好地了解乡村旅游产品，鼓励游客购买该产品。因此，乡村旅游广告必须要在广告中向游客介绍乡村旅游产品的特性、购买价格、购买方式、购买地点等内容。

第一，向游客介绍乡村旅游产品的特性。目前市场上乡村旅游产品众多，如果一种乡村旅游产品不具有特性，那么是很难吸引游客的，因此乡村旅游广告大多是将产品的特性作为着眼点。

第二，向游客介绍乡村旅游产品的价格。对于游客而言，质优价廉是最为理想的选择，在选择乡村旅游产品时，除了产品的质量之外，价格也是游客关注的重点，因此乡村旅游产品必须在广告中明确地给出报价,以供游客参考。

第三,说明乡村旅游产品的购买地点、购买电话等。这是保证游客产生购买欲望之后能够顺利购买产品的重要保障。

第四,宣传乡村旅游企业的发展历史和发展规模。与游客维持长期的关系是现代乡村旅游营销的重心,而宣传企业历史和规模能够提高游客对企业的认同感。

(三)旅游广告设计的基本要求

广告的主题确定之后,还要考虑怎样将这些内容表现出来,即解决一个"怎么说"的问题,这就是广告设计的任务。在大多数情况下,人们对广告的阅读和欣赏,不是自觉地追求,而是偶然地接触,因此广告设计存在着特殊的要求,主要是简洁性、创新性和美感性。

1. 简洁性

播放时间与刊登篇幅的限制使得广告无法进行长期的解说,这种情况下如果广告的内容十分的庞杂,那么很难让消费者从中发现有价值的信息,如此一来广告效果自然会大打折扣。以乡村旅游企业为例,如果乡村旅游企业花费大量的辞藻用于宣传旅游设施和软件服务,那么不仅增加了广告经费,而且大量言语介绍的存在会使消费者产生厌烦之心,对于广告的认可度也会大幅度下降。因此,乡村旅游广告必须有一个统一的主题,然后围绕这一主题运用简洁的语言来加深消费者的印象。

2. 创新性

广告的活力在于创新,新颖的广告方式与广告内容总能够吸引大量的目光。对于乡村旅游广告而言,也必须尽可能地避免使用一些过时的语句,以免让消费者反感。在进行广告设计时,企业要采用那些有吸引力、有鼓动性、互动性较强的广告方式和广告内容。

3. 美感性

广告创作是一种艺术活动,因此必须遵循美学的要求,用形象的语言、巧妙的构思、诱人的情趣，集中将产品特性表现出来，激起旅游者的浓厚兴趣，产生强烈的购买欲望。因此，一个广告画面的质感、美感和意境的追求常常需要创作者花费辛勤劳动，同时又要具有很高的艺术修养和渊博的知识，才能将形式和内容完整地统一起来。这对于旅游景点广告的设计来说更为重要。

（四）旅游广告媒体

1. 旅游宣传印刷品

旅游宣传印刷品是当前旅游广告营销中使用最为广泛的一种方式。虽然与网络营销、新媒体营销相比，旅游宣传印刷品营销的传播速度较慢，但是在实践中很多旅游企业发现，旅游印刷品由于其自身图文并茂、精美大方的缘故，消费者对于这类广告作品的抗拒心理并不是很强烈，很多游客会选择长期地保留旅游印刷品，而这些印刷品也能够在潜移默化中对游客产生影响。

旅游宣传印刷品指的就是由国家或者旅游地区的管理部门、当地主管部门、旅游企业制作的用于旅游宣传、提供信息、消遣娱乐的旅游产品说明书。一般来说，旅游宣传印刷品大致由产品说明书、产品目录集、产品价格表、赠品等组成，样式新颖大方，对于游客而言完全可以作为旅途的消遣用品，因此很多游客会主动地将宣传印刷品保留下来。

具体而言，旅游宣传印刷品大致可以分为三种类型：第一种是信息类宣传印刷品。这类印刷品大多以向游客和中间商提供相关信息为主要目的，虽然娱乐性较低，但是实用价值较高，例如旅行指南、旅行手册、旅游路线图、列车航班表等。第二种是促销类宣传印刷品，即以促销宣传为主要目的的印刷品，例如饭店的宣传册、旅游报价表等。第三种是赠品类宣传印刷品，即向游客赠送一些东西，提高游客对景区的认同感，例如以景区景观为主题的明信片、挂历、信封等。

旅游宣传印刷品的制作涉及文字设计、图案设计和整体效果设计三个方面。

（1）文字设计。一直以来，文字都是传播信息的主要途径。乡村旅游宣传印刷品的文字信息主要由标题和正文组成，其中标题要能够突出乡村旅游的特点，加深读者的第一印象，而正文一方面要客观地对乡村旅游内容进行描述，另一方面也要将乡村旅游的特点表达出来，只有这样才能够对读者产生吸引力，促使读者生出去乡村旅游的想法。

（2）图案设计。图案是乡村旅游印刷宣传品最生动、最形象的部分，对于读者而言，图案所带来的感受更为直观。但是随着图像处理技术的发展，图案对于读者的吸引力越来越弱，在读者眼中，越好的图案反而意味着越不真实。在这种情况下，乡村旅游宣传印刷品的制作应当与文字结合起来，作为文字的辅助工具而存在，避免使用大量的虚假图案，应以真实的景观图案来获得读者的信赖。

（3）整体效果设计。整体效果指的是在乡村旅游宣传印刷品设计中要处理好图案与文字的关系，保证两者的协调统一，突出乡村旅游的主题。

2. 出版物

出版物在这里主要指报纸和杂志。

（1）报纸。报纸和人们的生活密切相关，因而是广告媒体中一种有效的宣传工具。报纸有很多优点：①普及面广，宣传覆盖面大。②及时灵活。③给人印象较深，容易查阅。④可以利用报纸的威信，提高读者对广告宣传的信赖程度。⑤价格低廉。其局限性是：①时效短。②报纸内容庞杂，容易分散读者对广告的注意力。③感染力差，质量不精美，不能很好地体现旅游产品特色。

（2）杂志。杂志分门别类，阅读对象比较稳定。杂志作为广告媒体的优点有：①针对性较强，易于选择广告对象。②时效较长，能够重复使用，传阅范围广，便于保存。③印刷质量好，可提供精美图画。

杂志的局限性是灵活性较差、不及时和范围小。

3. 广播电视

（1）广播。广播作为广告媒体的优点是：①迅速及时。②覆盖面广。③具有一定的强迫性。广播的局限性是时效性差，易被遗忘，对产品的表现力差。

（2）电视。电视将活动画面和音响效果结合在一起，形、色、音互相配合，因而能产生强烈的效果。其优点很多，主要有：①覆盖面大，为广大观众喜闻乐见。②能综合利用各种艺术形式，效果好。③表现手段灵活多样，可以从各方面表现产品的特色。其缺点主要是费用昂贵。

4. 户外媒体

户外媒体主要指的是广告栏、招牌、霓虹灯等媒体。这种广告营销方式事实上在旅游业中并不是很常见，一般来说，只有在旅游景点所在的地区才会被使用。原因在于两个方面：一个是这种广告方式的费用往往较高，旅游企业花费同样的代价能够通过其他广告方式取得更好的效果；另一个就是户外广告究竟在消费群体中能起到多大的作用是很难界定的。当然，这种广告在特殊的情况下也具有极高的价值，例如在旅游景区游客找不到住宿宾馆，这个时候霓虹灯等户外广告的价值就会凸显出来。

三、人员推销

人员推销是一种最为古老的营销方法，它主要是通过销售人员与消费者的直接沟通来完成销售目标的。就乡村旅游而言，当前乡村旅游的人员推销主要是在企业的销售部，通过销售部的工作人员，借助电话、微信等工具来完成。

（一）人员推销的意义

第一，推销人员与消费者直接接触，因此人员推销的灵活性较之其他营销方式更为灵活。在实践操作中，推销人员可以随机应变，既能够根据消费者的实际需求采取有针对性的协调措施，也能够避免其他营销方式对消费者造成不良影响，不会使消费者产生抱怨情绪。

第二，与其他营销方式相比，人员推销的无效劳动比较少，即人员推销活动往往会取得一定的收获，属于有针对性的营销。而其他营销方式则属于"撒网式"营销。

第三，在推销的过程中，推销人员能够及时抓住时机促使消费者购买产品，而其他营销方式只能激发消费者的购买欲望，但是能否真正实现购买产品仍不确定。

第四，在推销的过程中，推销人员可以不断地收集资料，了解消费者的现实消费需求以及潜在需求，这对于企业开发后续产品有着十分重要的意义。

当然，人员推销的缺陷也是不容忽视的，一方面人员，推销对于人力、财力的要求较高，人员推销的顺利进行是建立在大量优秀销售人才的基础之上的，这就意味着企业需要投入大量的资金；另一方面，优秀的销售人员是很难寻找的，而普通的销售人员在推销中能够取得的成效又十分有限。

（二）推销人员的任务

对于乡村旅游而言，推销人员的工作重心并不在于挨家挨户地推销乡村旅游企业的现有旅游产品，而是肩负着更加重要的职责。

第一，推销人员肩负着探寻市场发展的职责。在推销中，推销人员需要积极地寻找更多乡村旅游的潜在消费群体，以及现有消费群体的未来消费趋势。

第二，推销人员肩负着传递乡村旅游产品信息的职责。优秀的推销人员数量较少，普通的推销人员其实主要承担的是向现有或者潜在客户传递乡村旅游产品信息的职责。

第三，销售产品的职责。推销人员在推销的过程中能够将乡村旅游产品顺利地销售出去是最好的结果。

第四，向游客提供各种服务，即在推销的过程中根据游客的实际需求提供有针对性的服务，例如帮助游客安排航班、列车、住宿等。

（三）推销人员的选择

人员推销这种营销方式能够取得的成效完全由推销人员的职业素养所决定，因此在选拔推销人员时就需要注意推销人员的各方面素质，主要包括以下三个方面：一是基础知识素养。推销人员不仅要熟悉各种旅游业务，还要具有一定的知识广度，这是推销人员与消费者进行顺利沟通的重要保障。二是语言素养。推销人员要具有一定的语言艺术，负责进行国际营销的推销人员更要至少掌握一门外语。三是反应敏捷。推销人员要具备一定的随机应变能力，只有这样才能够及时地处理推销中的各种意外问题。当然，作风正派、有责任心等也是推销人员必备的素养。

（四）推销人员的培训

乡村旅游是我国近年来逐步兴起的一种旅游产业类型，虽然说很多乡村旅游企业采取了人员推销这种营销方式，但事实上，很多推销人员对于乡村旅游这种产业类型并不是很熟悉。因此，在推销人员进入工作岗位之前，乡村旅游企业应当投入一定的资金来对推销人员进行专业培训，这样才能够保证后续的推销活动取得更好的效果。

（五）推销人员的组织

乡村旅游企业推销人员的招聘，要视旅游企业的规模而定，还要注意推销人员的业务熟悉程度。为了充分发挥推销员的作用，还必须进行合理组织。乡村旅游企业的销售组织结构可分为以下三种：

1. 地区结构式

地区结构式即每个或每组推销员负责一定地区的推销业务。这种形式的优点包括：一是责任明确，便于考核；二是推销员活动范围小，相对地节约了费用。但是，它只适合于较类似的市场，如果一个地区市场差异很大，推销员就难以全面、深入地了解和把握目标市场客户各方面的情况，从而会影响推销的成效。

2. 客户结构式

客户结构式即根据客户的特点、行为和分销渠道等的不同分别配备推销人员。这种方式可以加强对客户的了解，增强相互之间的联系。这种结构在饭店营销部门最为常见。

3. 产品结构式

产品结构式即一人或一组，专门负责一种或几种产品的推销，如旅行社的各条线路分别配置推销员，这种方式有利于推销员利用专业知识去争取客户。

四、营业推广

（一）营业推广的概念

美国市场营销协会定义委员会认为，营业推广是指除了人员推销、广告和公共关系以外的刺激消费者购买和经销商效益的各种企业市场营销活动。如陈列、展出与展览、表演，以及许多非常规、非经常性的销售尝试。可见，营业推广是除了人员推销、广告和宣传报道外，为了在短期内刺激消费者和经销商的一种促销措施。它具有针对性强、非连续性和灵活多样的特点。采用营业推广，为消费者和经销商提供了特殊的购买条件、额外的赠品和优惠的价格，对消费者和经销商都会产生一定的吸引力，因此在短期内对于开拓市场、争取客户和进行市场竞争有很大作用。

（二）营业推广的方式

对于乡村旅游而言，营业推广的方式主要有以下三种类型：

第一，直接面对游客的营业推广。这种营业推广方式的优点在于能够直接地向游客传递产品信息，激发游客的购买欲望。比较常见的面对游客的营业推广方式有有奖销售、赠送纪念品、优惠折扣等。

第二，面对中间商的推广销售。这种营销推广方式的主要目的在于与中间商达成协议，从而提高中间商的宣传销售积极性，例如联合进行广告宣传、联合举办展览会等。

第三，针对推销人员的营业推广方式，即采用各种激励手段来提高推销人员的积极性，例如利润提成、行业竞赛等。

第三节　创新乡村旅游营销策略

当前的营销环境和创新的全民营销体系，是乡村旅游进行全面提升的基础。有了这个基础，再运用相关理论做指导，从理念、战略、产品、形象、传播、管理等六个方面，对乡村旅游市场营销提出了提升策略。

一、理念提升——心灵的归宿

所谓理念，是人们对事物的理性认识。理念，是行动的指南；排除外界干扰，有什么样的理念就会有什么样的行动。乡村旅游市场营销的理念，与发展乡村旅游的根本理念是一致的。现在学界和业界对发展乡村旅游的理念有许多提法，比较多见而又新颖的理念有全地区旅游理念、智慧旅游理念、慢旅游理念等。不同的人从不同的角度，提出了不同的理念，大多是有一定道理的。但发展乡村旅游的理念大可不必赶时髦，归根结底，最本质的一条就是"要让你这里成为游客的心灵休憩之地，找到自己心灵的归宿"。一句话，要让游客到了这里后，他们的内心就能够静下来。这对发展乡村旅游应该有很好的借鉴意义，在乡村旅游产品的开发上，应该特别注重将儒家文化、民俗文化深入融合，并加以创新；不仅要得其形，更要得其神。这样才能挖掘出让游客心灵得以安静的乡村旅游产品。

在这方面，本书认为有两个地方是值得借鉴的，一个是云南的丽江。在丽江有很多长期居住的游客，这些游客的收入并不是很高，在丽江也只能以租房做点小本生意为生，但是这些游客并不愿意离开丽江，原因不在于丽江的景观有多好，相反，我国景色不逊色于丽江的地方有很多，但是丽江却受到国内游客的喜爱，根本原因就在于在很多游客眼中，丽江的生活能够给予自己一种心灵上的抚慰。在这里生活，他们能够真正地感受到生活的痕迹，而不是如同大城市一样逐日奔波却失去了自我。另一个就是浙江的德清。德清莫干山下有一个不知名的小山村，名叫三九坞，这个地方受到国内瞩目起始于 2008 年，当时一个名叫高天成的小伙在三九坞租赁了 6 套泥坯"空巢"，经过简单的装修，经营起乡村民俗，受到大众的喜爱，被称为"洋家乐"。但是我们分析这种产品不难发现，所谓的"洋家乐"只是对农村空房的一次再利用，一不具有乡土气息，二没有便利的服务，甚至比不上传统的农家乐乡村旅游，从业人员多为乡村的老人和妇女，但是偏偏这种乡村旅游模式取得了巨大的成功，根本原因就在于乡村旅游理念上，无论是丽江还是德清三九坞的"洋家乐"

都处处贯穿着安居心灵的理念，这种理念迎合了当今城市居民的需求，因此取得成功是理所当然的。反之那些打着农家乐的旗号，却以城市生活方式为主要内容的乡村旅游就很难受到游客的认可。因此，乡村旅游营销的提升首先要做的就是营销理念的提升，不能局限于乡村生活表面，而是要深入挖掘，针对游客心灵上的缺憾而进行营销，这样方能够事半功倍。

二、战略提升——世界眼光

市场营销战略关乎全局，关乎长远，当前我国乡村旅游市场营销战略仍旧以国内旅游市场为目标，但是从战略的角度来看，市场营销战略应当上升到国际旅游市场的角度，所打造的乡村不仅是具有中国特色的最美乡村，更应当是世界上首屈一指的乡村，将营销目标放在国际游客市场是乡村旅游产业发展的必然结果。

将乡村旅游市场营销的重点放在国际市场，会不会对现有的市场产生冲击，这是每一个乡村旅游企业关注的问题。问题的焦点集中在企业的资源十分有限，如果将资源集中在前景不明朗的国际市场上，那么会不会导致本土市场营销资源消耗，进而导致市场占有率迅速降低。其实不然，"外来的和尚好念经"在营销界指的就是国际游客的倾向对于国内游客有着一定的引导作用，很多国内游客会下意识地跟随国际游客，看看那些能够对国际游客产生吸引力的景观到底具有何种独特之处。因此，将市场营销的重点放在国际市场，在初期固然会造成一定的客源损失，但是从长远的角度来看，对于乡村旅游却是利大于弊，同时也有利于乡村旅游提高对高端客源的吸引力。

值得注意的是，在以国际市场作为营销目标时，当前国内乡村旅游所采取的按消费水平对游客加以区分，这是不科学的做法。很可能会引发游客的逆反心理。不同的游客有不同的心理需求，同一个游客在不同的时间段，也会有不同的心理需求。乡村旅游经营方应该通过认真的市场调研，准确地掌握这些心理需求，然后针对不同的心理需求群体，对市场加以分割。并且，在产品的建设或改进阶段，就将市场细分的观念落实到位。这样打造的乡村旅游产品，自然而然都会有精确的定位和明确的目标市场。

三、产品提升——全域旅游

从营销的角度来谈产品提升，就是要将市场的理念灌输到产品建设中，避免开发出脱离市场的乡村旅游产品。最好的办法是让消费者提前参与到产品建设中来。过去，产品的可行性论证和建设完全是经营者的事。只有乡村旅游产品成型后，投入运营后，才会在试运营期间让消费者提点意见。从营销的角度来看，这就不是高明的营销。况且，产品已经定型，不可能有大的改动，消费者的作用很难被发挥出来。他们的意见无论对错，往往都成了摆设。在这方面，小米手机营销的成功经验很值得移植。小米的成功，在营销界津津乐道，有人以"饥饿营销"总结之。在作者看来，这四字并不得其要领。小米营销的精髓在于体验，即消费者提前参与的体验。小米手机还没个影子，在产品设计的构思阶段，就已经开始发动消费者充分讨论了。乡村旅游产品打造，也应该如此。还没有开始建设，还在构思，还在做可行性论证时，就要千方百计让消费者参与进来；产品建设启动后，更要不断地吸收消费者的良好建议，不断修正、完善原有设计方案。这么做的理由有二：其一，什么样的乡村旅游产品最受消费者欢迎？只有充分听取消费者的建议，进而超越消费者思路，能够打动消费者心灵的产品，才最受欢迎。其二，这一系列消费者参与的过程，不也就是一种绝佳的营销吗？

在宏观上，全域就是一个整体的乡村旅游产品。对于这个乡村旅游巨无霸产品的提升，应该围绕"中国最美乡村"这一主题定位，丰富其内涵，营造能够让心灵安静的自然和人文环境。归纳为三句话：施行硬标准化产品监管，引导去功利化真诚服务，创建超家园化宜居环境。前面两句是手段，后面一句是目的。对乡村旅游的具体产品，宏观监管者不应该管得那么细，风格上尽显百花齐放，但质量上要有最低标准。没有达到这个底线，就不能入市，不能接待游客。在服务上，过于功利化是目前的通病，也是目光短浅的表现。一些不规范的企业这么做，可以理解，但政府和正规企业不应该如此短视。什么叫超家园化？就是要达到：不是家园，胜似家园。在服务业当中，经常讲一句话叫"宾至如归"，似乎这就是最高标准。在乡村旅游产品的建设上，达到这个标准还远远不够。有个诙谐的说法：旅游就是从自己活腻了地方，到别人活腻了地方去。从这个角度来看，有几个人对自己的家园包括生活环境，是十分满意的呢？恐怕没有几个吧。出去旅游，往往就是对自己的家园厌烦了，出去寻找更加理想的环境。结果，你让他又像回到了自己家一样，人家能高兴吗？学界对乡村旅游产品的建设，十分强调"原乡性"。试问究竟什么叫"原乡性"呢？其实很难说清楚，每一个人心中都有一个自己梦中的"世外桃源"，但不可能都百分百实现。我们只能通过调查与沟通，截取尽可能多的样本，再加以综合，然后按一个群体一个群体去打造。即使不能完全打造出个人梦中的桃花源，也要尽最大努力。这就是细分市场理论在乡村旅游产品建设中的贯彻落实。

四、形象提升——"美"与时动

随着现代信息技术的不断发展，互联网逐步地将全部媒体纳入其中，从而延伸出种种终端，并且这些终端并不是独立存在的，而是具有十分强烈的互动性，从而形成了当今的"互动网络"时代。在网络时代背景下，旅游形象的塑造与传播与传统的旅游已经截然不同，具有鲜明的互联网特征。总的来说，互联网就像一枚无形的大透镜，旅游形象通过这枚大透镜呈现在大众眼中，所呈现的不仅仅是有形的景观，如自然景观、人文景观等，更有口碑、服务等无形的评价，对此乡村旅游绝对不能忽视，而是要将乡村旅游之美与时代特征结合起来，充分利用互联网的互动性来加强营销。事实上，在互联网时代，一切营销手段都可以通过互联网进行。例如传统的广告营销可以放在一些 IP 流量较大的网站或者专门为旅游提供服务的网站；再比如人员推销完全可以通过 QQ、微信等新媒体来进行。对于乡村旅游企业而言，这种营销不仅便利，而且能够有效地降低成本。此外，值得注意的是，互联网的一个主要特点就是即时性，对于乡村旅游而言，这种即时性能够迅速地将乡村最为美好的一面展现在大众面前，从而激发大众的旅游热情，例如在收获季节通过分享一些游客在田间收获的场景来吸引他人的关注等。

例如庐山，至少经历过千年积淀，方形成文化圣山之形象；张家界，借助现代传播手段，不到 10 年就在人们心目中树立起"奇险壮美"之形象；大堡礁，依托"互联网+创意"，一夜之间惊艳全球。网络正在快速而又深刻地改变世界，改变旅游，改变旅游地形象的传播。旅游形象的塑造越来越迅速，成败皆可能在旦夕之间，且变化无常，令人难以把握。在这种情形下，乡村旅游经营者如何应对挑战？对乡村而言，"中国最美乡村"，其美的内涵不能一成不变，其美的形象代言人或物也不能一成不变，而应该紧扣时代的脉搏，不断更新。曾经的粉墙黛瓦令人耳目一新，当全省各地的乡村都是粉墙黛瓦的时候，你还能再打这张牌吗？所以，乡村旅游形象的提升不可能一劳永逸，昨天是千年古村，今天是油菜花乡，明天也许是诗酒田园新隐士，也许是耕读传家新农民。究竟选什么，还是要问网友、问消费者。

五、传播提升——事件、体验与分享

商战如兵战，《孙子兵法》云："凡战者，以正合，以奇胜。"乡村旅游的传播提升，也是要奇正结合，出奇制胜。何谓奇正？"事件"是奇，一般的体验和分享是正。都说网络时代内容为王，送个"内容"，一是优质的产品带来良好的体验，二是体验之后的信息分享，要有精彩语言，要能打动人心。

"正"指的就是体验与分享，正所谓"真金不怕火炼"，没有好的体验，哪怕旅游营销手段再好也是无法吸引大众的，更不会加深大众对乡村旅游的认同感。因此，乡村旅游营销必须要重视体验与分享。从消费者旅游的过程来看，大致可以划分为三个阶段：第一个阶段是旅游前的学习与决策，即对旅游目标进行分析，最后确定旅游地区；第二个阶段是消费中的体验与品鉴，即在旅游中所享受到的一切旅游服务；第三个阶段是旅游后的评价与分享，即对旅游活动进行一定的评价，将好的旅游活动与大众分享，这可以说也是互联网的一大特色。而对于乡村旅游而言，核心就在于第二个阶段，即做好游客的体验与品鉴，做好这一环节的工作就意味着游客对旅游地满意度较高，有利于游客的评价结果和分享，从而不断地扩展乡村旅游的影响范围。当然，重视游客在旅游中的体验并不意味着忽视游客的评价与分享，一般来说，乡村旅游企业需要建立专门的部门来负责这一方面的工作，主要的工作内容就是通过自己的亲身体验来组织和引导网友进行讨论，收集网友的精彩帖子加以编辑和转发，以良好的图案文字来打开网友的心扉，从而使得网友自发地转发，成为乡村旅游的宣传员。同时，对于一些积极消费者，乡村旅游企业也应当保持长期的联络，一方面从中获取发展意见，另一方面通过一定的奖励来调动他们的积极性，鼓励他们不断地在网络上宣传乡村旅游。

光有"正"还不够，网络信息浩如烟海，不能时不时来点"事件"成为引爆点、兴奋点，传播就难以实现高效。这就要有十分的创意，要有精心的策划，要有到位的执行。国际上，大堡礁喊出"全世界最好的工作"的口号征集守礁人、马尔代夫的内阁"海底会议"都是极为成功的经典案例。在国内，张家界是值得学习的，该景区策划了一系列的活动，几乎年年有重大"事件"，大部分取得了成功。特别是1999年"穿越天门飞向21世纪"的世界特技飞行大奖赛，吸引了全球200多家媒体争相报道，知名度瞬间爆发。同时，也带来了巨大的经济效益。次年，其旅游总人次比"穿洞"前增长52.7%，旅游总收入翻了一番。反观很多乡村，虽然也重视宣传，但中规中矩、平淡无奇。有人说，不是缺乏创意，而是企业力量不够，政府禁区太多。对此笔者颇有同感。在网络时代，地方政府必须首先解放思想，勇于担当，鼓励创意，接纳创意；应该多方面挖掘各种热点题材。

六、乡村旅游市场营销提升保障机制

（一）人才保障机制

人才问题在中国绝对是老生常谈的问题了，各行各业在各种场合都大谈人才，似乎求贤若渴。旅游业就更缺乏人才了。而乡村旅游也不例外，从规划方案到各级领导及大小企业，大会小会，对外对内，都在强调人才，看起来好像大家都很重视人才，就是社会上人才太少了。于是乎，一将难求。果真如此吗？倒也不尽然。且不说"先有伯乐后有千里马"，就说放眼全国10多亿人口，总不至于十分缺乏人才吧。关键是，在一个偏远地区，拿什么吸引人才。人才来了，又能不能使其发挥出作用，并最终留下来。这几个问题一解决，人才问题也就不用发愁了。破解的办法其实也很简单，招聘前后、用人之时多和对方沟通交流，给予其足够的尊重，尽量满足其精神和物质的需求，再加上一点点科学的管理，人才难题基本上就迎刃而解了。关键是看用人单位的领导、老板，是不是真的那么重视人才。

（二）风险控制机制

1. 防止过度营销

所谓过度营销，就是经营者对营销手段使用过度，引起了消费者的反感，客观上起到了适得其反的效果。这是一种舍本逐末的经营方式。营销学界将过度营销细分成多种情况，在乡村旅游当中，主要预防三种情况：一是过度宣传，无中生有，无限放大。许多人，甚至包括一些政府部门的管理者，都认为旅游就是宣传，把游客忽悠过来就是成功。二是过度促销，大打价格战。但亏本生意谁也不会做，最后靠宰客盈利，造成恶劣影响。三是过度炒作概念。以为消费者永远都是那么好骗，不扎扎实实做好产品，今天炒作这个概念，明天炒作那个概念，听起来高大上，实际上空洞无物。过度营销只会适得其反。控制过度营销，政府部门首先要从我做起，高度自律；然后严格监督企业的不良行为，一经发现必须严惩不贷。

2. 建立高效的顾客反馈机制

政府和企业都有顾客投诉通道，但存在几个问题：一是职能范围窄，只受理投诉，对顾客反馈的其他信息不予重视。二是反应速度慢，一个投诉十天八天都不见答复。三是非常被动。比较常见的是，开始左右推诿不肯做什么让步，到最后事情闹大了，付出的代价更大，影响还更坏。相对应的措施：第一，职能要增加，对各种信息都要重视，都要给反馈者回复。还要定期对收集的信息加以分析，提出改进对策或归纳整理出好的建议。第二，处理要迅速，一经手处理，就要及时跟反馈者保持热线沟通，让对方觉得你很重视。第三，要争取主动，判断要准确，该付的代价要早付。很多事情都是处理越早、越主动，付出的代价就越小，负面影响也越小。

3. 制定突发事件应急预案

上述两点是主动消除风险，但百密难免一疏，更何况网络无法从根本上实现可控。"凡事预则立，不预则废"，这就要求我们必须做两手准备，一旦出现意外，也要能够及时"灭火"。首先，管理层要树立强烈的危机意识，建立一支由专兼职人员组成的、有效的危机管理团队，合理配置人员，并对全体经营人员进行应急处理的专业知识和技能培训，提高风险识别和应对能力。其次，要有应急预案。将各种可能出现的意外事故都尽量考虑进去，形成切实可行的预案，并不定期举行模拟演习，强化工作人员的危机意识和反应能力。危机一旦爆发，一线人员要及时上报，抢夺宝贵的"第一时间"；决策层要充分授权，管理人员要迅速评估、研判、沟通，形成正确的处理措施，并果断执行。危机处理之后，管理人员要及时总结，修补制度和管理上的漏洞，修复损坏的形象；高明的管理者还可以"变坏事为好事"，努力挖掘有利的一面。

第四节　乡村旅游电子商务营销

一、乡村旅游电子商务网站概况

（一）乡村旅游网站的现状

近年来，乡村旅游正以强劲的发展势头在很多地区兴起，已成为我国社会主义新农村建设的崭新亮点和农村经济发展的新增长点。乡村旅游的发展，无论是从发展模式、管理组织、经营手段还是产品服务，大部分都是和信息化联系在一起的。随着信息技术在各行各业中的渗透，为顺应我国旅游信息化建设的趋势，乡村旅游电子商务得到了长足的进步。

在我国，当前乡村旅游处于生机勃勃的大好时机，乡村旅游企业大都开始建设自己的网站。严格地说，乡村旅游网站是旅游信息系统的外在表现。从市场推广媒介来看，目前乡村旅游的宣传主要是通过互联网来进行的。另外，还使用无线通信、GPS技术，以手机、PDA等移动设备为终端，提供观光园区旅游观光路线选择、景点查询与浏览、旅游者自身位置定位等旅游自助服务以及用户订购项目和产品的及时通知等信息服务功能。乡村旅游目的地信息系统的建立和乡村旅游电子商务能实现目的地的智能化管理，比如植物的湿度和温度控制、住宿娱乐场所的智能化查询、工作人员的调度和管理等工作，使其达到最优化的状态，不仅管理及时到位，而且不会造成浪费。

（二）乡村旅游网站的建设

据有关方面统计，目前，我国已有上千个旅游网站，其中的乡村旅游网站也占了一定份额。例如，中国休闲农业网（简称商务网）是由农业部、国家旅游局指导，农业部农村社会事业发展中心支持的国内权威的行业信息门户。该网站按照"政府引导、服务市场、统筹协调、资源共享、起点求高、内容求精、快速起步、逐渐完善"的要求，以各级农业和旅游行政管理部门、休闲农业与乡村旅游提供者和消费者、乡村旅游相关服务机构等为服务对象，创建了政府服务、游在乡村、活动专题及互动沟通4个功能板块，共20多个数据库。该网站的开通，为各级农业和旅游部门、休闲农业和乡村旅游经营管理者、广大农民和旅游者提供了一个广泛的信息服务平台。

除了提高自身的经营管理水平，开发适应市场需求的旅游产品之外，还要考虑如何进行市场营销。在网络化和信息技术迅速发展的今天，几乎什么都离不开网络。乡村旅游网络化营销渠道也是目前最受欢迎的营销方式，它是以大型专业旅游网站为营销中心，建立覆盖目标市场区域的网络化销售渠道，以便全天候向各种客户提供最便捷的服务。

然而，要构建一个知名的电子商务平台需要大量的资金和技术的支持。因此，对于中小旅游企业来说，独立构建自己的电子商务平台是非常困难的，而依靠大型旅游网站的电子商务平台，可极大地降低成本，而且有助于中小旅游企业发挥联合优势，提高利润率。

到目前为止，真正意义上的乡村旅游电子商务网站所占比例较小，许多网站都是企业名片性质的，并不具备电子商务的完整功能。

（三）乡村旅游网站的类型

第一，服务或产品生产商网站。如北京安利隆山庄网等。

第二，综合性门户网站。如网易、新浪、中国旅游网等。

第三，中间商网站。携程网、艺龙网、黄山旅游网等。

第四，其他专业的乡村旅游信息网站。

第五，研究性网站。

这几种类型的网站可能在某些情况下有交叉，并且随着网络知名度和综合服务功能的增加必将互相融合，互相联系也将更加紧密。

（四）乡村旅游网站的功能

旅游网站作为旅游电子商务的载体和表现形式，其内容涵盖非常广泛。乡村旅游电子商务网站除了应该包括一般旅游网站应有的信息之外，更增加了相关的农业知识和乡村旅游特有的绿色生态、健康环保以及农产品订购等信息。其服务功能也包括常见的通信服务、信息交流、商务交流、个性管理等，侧重特产商城、农家美食推荐、乡情农趣等休闲项目，还包括了农产品供求信息、农业科普、农业科技信息等内容。乡村旅游电子商务网的运作机制也不外乎交易佣金、品牌合作、网络广告、机票和酒店等的订购及优惠策略等，只是大部分乡村旅游电子商务网站运作机制还比较单一，除了网站知名度低、品牌不成规模等原因之外，就是尚未形成真正专业的乡村旅游电子商务运营商，这也说明各种同类网站应增进联合营销。

二、乡村旅游电子商务营销的前景

（一）乡村旅游发展电子商务的基本条件

1. 乡村旅游业的发展

各国旅游专家认为，现在都市人最关心的是健康，喜欢到郊区体验纯朴、自然的生活情趣。这就决定了乡村旅游是一种朝阳产业。

乡村旅游在我国已是一个越来越热门的话题。"吃农家饭、住农家屋、学农家活、享农家乐"，以亲近自然、享受蔬果采摘之乐的乡村旅游成了时尚之旅。通过政府主导进一步加强，农民参与积极性提高，相关研究更加广泛和深入，乡村旅游在各地得到了前所未有的推动和发展。

2. 电子商务的应用

我国电子商务的发展始于20世纪90年代初，在近几年获得了迅速发展。截至2021年12月底，我国网民总人数达到10.32亿人，其中农村网民规模已达2.84亿，全国互联网普及率已达73%，尤其是手机上网用户的高歌猛进，已达10.29亿人，这些都为乡村旅游电子商务的发展创造了基本条件。由此可以看出，中国电子商务正由起步迈入繁荣阶段。

3. 人们消费观念的改变

当今世界，随着社会的进步和经济的发展，人们的消费习惯和消费观念也在悄然发生改变，尤其是在旅游方面。人们的行为习惯是，首先根据别人的推荐或者某种渠道信息，有了到某地旅游的想法，由于旅游的群体以年轻人或文化程度较高者居多，这类群体习惯于先上网查询自己想去的旅游目的地的相关情况，然后才开始旅游行动。

4. 信息化基础条件的改善

近几年来，我国农村信息化基础建设取得实效，通信设施基本上做到了村村通，为乡村旅游企业发展电子商务提供了基础性保障。应该说，想旅游的顾客大多来自城市人群，上网更不成问题，乡村旅游目的地建设网站的通信条件也具备了。

（二）国内外乡村旅游电子商务发展比较

1. 我国乡村旅游企业目前的状态

用四个字概括当前农村电子商务是"小、弱、散、差"，业务操作带有很大的局限性。从一个乡村旅游产品的设计，到供应商采购、市场推广、销售、结算等诸多环节，基本上都是手工操作，效率低下，成本高昂。伴随着我国经济的快速增长和城乡居民对乡村旅游的强烈需求，乡村旅游要想在规模上迅速做大、做强，传统方式扩张带来的将是庞大的机构，以致管理可能失效，会付出巨大代价。

2. 我国乡村个性化旅游发展势头强劲

随着生活水平的提高，人们对旅游的需求已经转变为追求"舒适、自由"的个性化旅游。越来越多的游客已经不满足旅游企业传统的大众化的服务方式，人们不愿意再像以前那样被动地接受旅行社提供的旅游资讯和固有的旅游线路设计，市场需要从传统简单地满足观光游览需要的"到达型"转变为对"舒适、自由"有着极高要求的个性化旅游。乡村旅游的兴起，正好满足了这部分人群对"舒适、自由"的个性化需求。

3. 国外乡村旅游电子商务建设成熟

这主要集中于欧美等发达国家，最开始表现为政府主导型，随着技术和市场的不断发展，已经开始表现为政府、个人、企业、科研机构、社会组织等多方主体推动，并已经出现了较成熟的网上预订交易，涉及酒店、交通票据、景点票据、旅游产品线路等产品服务预订，其功能完善，集中于在线调查、投诉与反馈、旅游科研、信息搜索、语言选择、电子地图查询、信息交流与展示、会员管理、电子邮件、景点投票调查等。

4. 国内乡村旅游电子商务建设滞后、规模偏小

这主要表现为政府推动型还缺乏真正意义上的乡村旅游电子商务交易。

2007年以来，我国乡村旅游继续保持了以往较快发展势头，城乡互动更加活跃、市场发展更加繁荣。按照党中央、国务院关于特别要重视发展乡村旅游业的要求，国家旅游局提出并积极推动"中国和谐城乡游"主题年活动。通过在全国开展的乡村旅游"百千万工程"，要进一步完善基础设施，丰富产品内涵，加强市场引导，推动乡村旅游不断向纵深发展。与此同时，我国乡村旅游电子商务也取得了长足的发展。

(三) 乡村旅游信息化建设的重要作用

加强乡村旅游电子商务建设，一方面可以提高各级乡村旅游管理部门的工作效率和管理水平，精减办事程序，降低工作成本，加大宣传力度，加快信息传播速度，提高信息实效性，巩固国内客源市场，扩张国际客源。另一方面可以满足游客的个性化需求，提高旅游服务质量，改变乡村旅游企业传统经营模式，降低成本，增加效益，从而提高整个乡村旅游产业素质。乡村旅游电子商务的发展，需要两个基本条件，一是信息化基础建设工程，二是综合信息管理平台。

1. 信息化基础建设工程

乡村旅游信息化基础建设工程是实现乡村旅游电子商务的基础保障。有了良好的基础保障，乡村旅游电子商务才能更好地发展。信息化基础设施的建设，将为政府、农户、游客提供一个方便、快捷的沟通互动平台，使与乡村旅游相关的旅游信息及时、准确地在政府、农户、游客之间流通，这样，也提高了政府的管理效率，方便了游客，为农户带来了经济效益。

2. 综合信息管理平台

乡村旅游综合信息管理平台是全面打造乡村旅游电子商务的重要手段和途径。要实现乡村旅游电子商务，信息共享是最终目的。具体地说，信息化共享就是把景点、景区、旅游线路、饭店、旅行社、旅游消费品、交通、气候等与地理位置和空间分布有关的旅游信息，通过技术手段采集、编辑、处理，转换成用文字、数字、图形、图像、声音、动画等来表示的内容或特征并实现共享。信息管理系统的建立有利于各类旅游信息的整合、共享、管理，有利于体现本地旅游特色，有利于与同行业的交流和沟通，彻底解决了乡村旅游信息化的鸿沟，从而推动了乡村旅游电子商务的发展。

(四) 电子商务为乡村旅游企业带来的机遇

第一，电子商务所创造的便捷、高效、低廉的信息流通方式，使乡村旅游企业的信息能力大增。我国大部分乡村旅游企业组织规模小，缺乏广泛的客户群体和供应商网络，外部环境对乡村旅游企业的制约首先是信息渠道狭窄，乡村旅游企业难以及时了解信息以捕捉市场机会。而在互联网信息环境下，乡村旅游企业依靠网络收集、反馈信息，获取常规形态下难以捕捉的资讯，经营服务更为主动。电子商务的应用就避免了游客找不到自己喜欢的乡村旅游项目，而乡村旅游企业的经营服务也因找到了自己的游客而变得十分主动。

第二，降低了交易成本。据统计，乡村旅游企业在互联网上做广告可以提高约10倍的销售数量，而它的成本只是传统乡村旅游电子商务广告的1/10。利用互联网，跨国交流信息的平均成本极为低廉，其宣传费用不会随着地理覆盖范围的增加而增加。利用互联网传递电子单证既节省了单证制作费用，又缩短了交单结汇时间，提高了工作效率。

第三，给乡村旅游企业带来了新的产品销售渠道。乡村旅游企业可以在网上推销线路，寻求国内外代理；酒店、车船公司可开展网上订房、订票业务；景区景点也可以把宣传资料图文并茂地在网上展示，以吸引更多游客，而乡村旅游企业也可获得更多的市场机会。

总之，电子商务使乡村旅游企业向游客提供个性化服务产品成为可能，个性化的乡村旅游定制产品只有在互联网上才能得以实现，也证明了应大力发展乡村旅游电子商务这一新兴运作模式。

三、乡村旅游电子商务发展的建议

（一）加强乡村旅游电子商务应用意识

乡村旅游企业一定要认清当今旅游业发展的趋势，电子商务和旅游业有着天然的适应性，不仅可突破时空界限，实现全天候、跨地域的经营活动，而且由于乡村旅游业自身很少涉及物流问题，也为电子商务在旅游业的应用创造了优势。因此，乡村旅游企业要优先发展电子商务，乡村旅游企业负责人要提高对企业发展电子商务重要性和必要性的认识，企业投入开发乡村旅游时应首先考虑把乡村旅游与农村电子商务紧密结合，用电子商务促进乡村旅游发展。实践证明，许多乡村旅游企业通过建立本企业的电子商务网站而生意兴隆，也有不少乡村旅游企业，硬件建设一流，电子商务发展却相对滞后，最终因缺少电子商务网站的企业宣传和网络营销手段而惨淡经营。

（二）开发乡村旅游电子商务服务系统

乡村旅游除了基础设施等硬件外，最重要的就是客户服务了。良好的客户服务就是消费者在利用任何一种方式与乡村旅游企业进行沟通时，企业都可以给消费者满意的答复。利用呼叫中心服务可实现这样的功能，其包括在线实时咨询服务，计算机网络呼叫服务，电子邮件咨询服务，电话、传真咨询服务等多个功能模块。这样让消费者在此获得了满意的答复，从而使潜在的意愿转化为实际的旅游行动。但到目前为止，许多乡村旅游企业只重视企业的硬件投入，却很少在客户服务，尤其是在电子商务服务方面的投资上下功夫，有的企业甚至错误地认为乡村旅游企业发展电子商务是一种无效的投资。

（三）建设乡村旅游企业电子商务平台

乡村旅游企业的电子商务是我国旅游产业实现信息化的重要环节，因为乡村旅游服务的提供者主要是乡村旅游企业。各类乡村旅游企业应根据自身的特点，加快和完善信息化及电子商务，否则将不可避免地遇到生存危机。

就乡村旅游企业而言，一是要首先实现企业内部管理的乡村旅游电子商务智能化，达到预订、排房、住宿、结算、客源市场分析、财会计划的全自动化。市场目标的确定，客源市场的竞争，都需要高科技的信息技术作保证。要参与国际信息网络，收集国际旅游市场信息，使乡村旅游企业通过多种渠道扩大其市场份额，在国际市场营销中站稳脚跟。二是应大力发展乡村旅游企业的网络，除了内部各业务环节互相联网，还要与旅游管理部门、公安、旅行社等部门之间联网，以及实现乡村旅游企业之间的联网，尤其是实现预订联网。随着乡村旅游企业的发展，还要加快与饭店、航空公司等企业联网。三是要发掘自身在旅游信息服务中的作用，发挥咨询顾问的功能，为游客制定旅行计划和旅游项目选择，提供高质量的信息服务帮助，提供个性化、人情味服务。就旅游交通部门而言，电脑预订系统是关键，它不仅仅是一种销售工具，还具有办公自动化功能，并能够通过预订情况分析提炼出市场需求及变化动态。可以在全自动化辅助系统和多路联机订票系统建设的基础上，同时开发建设互联网的预订功能。

（四）大力培养乡村旅游电子商务人才

乡村旅游信息化的建设需要大量旅游信息专业技术人才。旅游信息专业技术人才是一种新型的复合型人才，既需要了解信息技术又要精通旅游和管理。旅游信息化人才培养是旅游信息化建设的关键，现阶段，我国各地，尤其是乡村旅游相对集中的地方，应加强对乡村旅游信息化工作人员的教育培训，并采取短训班、讲座、印发学习资料等形式对乡村旅游企业相关人员进行统一的、有计划的信息化知识培训。

我国乡村旅游正处于一个逐渐升温的阶段，尤其是黄金周制度的改革将会带动近郊旅游成为新的旅游热点，这将是发展乡村旅游的一个大好机遇。随着旅游业的不断发展和全球信息化、网络化的迅猛推进，乡村旅游也只有借助这个强有力的技术和网络支持，才能在现代旅游业的发展中发挥更加重要的作用，并实现自身更好、更快的发展。

第五章
乡村旅游发展的创新路径

第一节 乡村旅游与产业融合

产业融合指不同产业或同一产业不同行业相互渗透、相互交叉，最终融合为一体，逐步形成新产业的动态发展过程。产业融合可分为产业渗透、产业交叉和产业重组三种类型。

产业发展是乡村全面发展的基础，而产业融合是产业发展的现实选择。乡村有着丰富的农业资源，发展乡村旅游能够实现一产、三产的融合发展，在全域旅游思想的指导下，通过乡村旅游的发展促进产业之间的深度融合，不仅有助于乡村振兴，而且能够反向促进乡村旅游的发展。

一、农业与旅游的融合

（一）农旅融合

农业是国民经济中的一个重要产业部门，主要是利用土地资源进行生产的产业部门，按照产业类别划分，属于第一产业。广义的农业包含范围比较广泛，主要包括种植业、渔业、林业、畜牧业及对这些行业产品进行小规模加工或者制作的副业。农旅融合是基于产业融合的概念衍生出来的一种新型产业。总体来说，它是以第一产业农业为基础，通过旅游这一途径实现农业和旅游业共同发展的现代观光农业。具体来说，它是以农业生产模式、农民生活方式和农村生态为要素，以自然资源和地域文化为载体，为消费者提供休闲、观光、体验等服务的旅游经营活动。农旅融合是农业与旅游产业相互交叉渗透形成的一种旅游发展的新业态和新型消费方式，它将农业资源和农业生产运用到游客体验服务上来，拓宽了农业和旅游业的产业范围，具有二者的共同属性。除了农业的季节性和地域特征及旅游的休闲和市场特征之外，还具有一些独有的特征。农旅融合涵盖了农业、林业、牧业和渔业等多个行业，融入娱乐、观光、休闲、体验等多种功能。发展休闲农业和乡村旅游不仅能为经营者带来可观的经济收益，也有效缓解了农村剩余劳动力转移和留守儿童的抚养教育等问题，实现了经济和社会的双重效益，同时为休闲旅游者提供了回到乡村休闲娱乐、放松身心的机会，从而满足城市居民的休闲需求。随着消费市场的转型升级，乡村旅游从观光逐渐朝着融观赏、考察、学习、体验、娱乐、购物和度假于一体的综合性方向发展。在乡村振兴的发展背景下，进一步促进农业与旅游业的深度融合发展是十分有必要的。

（二）农业与旅游融合的形态

1. "种植业 + 旅游"

种植业是农业生产的重要组成部分，是通过栽培各种农作物及取得植物性产品的农业生产部门。种植业是乡村农业发展的重要组成部分，农业经济作物的种植、生长过程为乡村提供了独特的农业风光，而这正是发展农业观光旅游的重要资源，与此同时，城镇化的进程使得农事活动成为城镇居民的主要体验活动。例如，中小学生可以到农村体验农事活动。

2. "特色花卉 + 旅游"

花卉作为特色农业，随着旅游业的发展成为花卉旅游，比较具有代表性的就是河南鄢陵。近年的农家乐迅速发展起来，鄢陵则以其独特的花卉优势占据一席之地。它有着鲜明特色的旅游资源，也是发展农家乐旅游形式的前提条件。虽然河南有多处知名农家乐，但多以山水为依托，如焦作云台山农家乐；也有以民俗为主，如郑州惠济农家乐；而鄢陵则以特色花木为依托，依靠得天独厚的地理位置，便利交通形成的较强可进入性，发展成集花卉观光、休闲及采摘为一体的特色农家乐，游客可以吃、住在农家院，还可以体验农事活动，在花海中欣赏花卉的姿态，在农园中品尝果实的甘甜，农家与花乡风情融合为一体，在周边城市独树一帜，形成了鲜明的特色旅游区。同时，河南省旅游开发的重点"三点一线"即洛阳、郑州、开封和黄河旅游线，与鄢陵县相距不远，旅游信息、客源、旅游交通、旅游人才等向鄢陵县的辐射和扩散，带动了鄢陵旅游业的发展。①这样优势的条件，为农家乐的开发提供了良好的条件。同时，政府也对农家乐的开发提供了政策上的支持，鼓励农民积极参与其中，加强建设基础设施的力度。随着休闲时代的到来，回归自然的休闲体验旅游将成为国内外旅游的新趋势。

整合转化花卉农家乐。挖掘花卉文化内涵，提高产品档次。一个旅游产品要在市场上立于不败之地，就要确定发展目标，满足旅游者需求才能保证市场客源、维持发展。旅游者的行为可以分三个层次，即基本层、提高层与专门层次。目前，我国大多数乡村旅游者仅停留在悦目、悦身的较低层次，而达到悦心、悦志的高层次感受较少。②所以对鄢陵农家乐开发出重点特色项目，以提高档次，满足人们悦心、悦志的要求。在花乡农家乐中开发娱乐项目，如花茶、花卉烹饪餐、干花制作等工艺作坊。在采摘农家乐中开发如樱桃、大枣采摘比赛等。还可利用当地温泉开展温泉疗养，利用古玩交易市场挖掘古玩文化等。利用花卉季相特征开发旅游产品。鄢陵以樱桃和蜡梅为主要花卉观赏植物。可以这两种植物种植时再配以夏季与秋季的观赏花卉果木，避免接待设施闲置。

如种植桃树，可在春游时赏桃，初夏时进行桃果采摘；种植桂花，在秋天时可进行游赏桂花等项目。以不同季节变换营造各种景观，形成特色产品，避免淡旺季的分明，减少旅游接待设施的闲置。花卉文化结合参与式旅游，可加强旅游的感受。旅游者选择乡村，不是为了低廉的花费，而是在寻找曾经失落的净化空间和尚存的传统文化氛围；他们参加农业劳动不是追求物质享受，而是追求精神享受。可以根据农家乐的目标定位开发具有花卉文化内涵的项目，重视花卉文化与参与式旅游的结合，增加娱乐项目，突出果实采摘、烹饪花卉餐饮等体验功能活动，让游客在动手中体会花卉文化的内涵，增加旅游的感受。也可延长游玩时间，开展餐饮住宿服务以提高旅游的收入。

（三）农业与旅游融合造成的社会经济变化

1. 农业、旅游产品及服务的变化

第一，现代农业技术的不断推广，农产品规模的扩大使其产量不断提高，但是信息与沟通不畅就出现了产品滞销的现象，而现代农业旅游的目的就是融合现代农业与旅游业，让城市游人融入乡村，把城市产品信息带进来，把农村产品带出去，在采购农村产品时兼顾了解农产品的生产加工过程，同时将这些农业的信息带入城市之中。第二，农产品的生产和成品都是旅游农业的关键性产品，它的质量提升也是重中之重，高质量的农产品才会出现高质量的农业旅游体验。第三，开发现代农业生态旅游产品，将餐饮、采摘、休闲娱乐集于一身，形成以农村风貌为主的新型农业旅游产品，以达到整合资源、丰富产品、形成优势特色产业的目的。

2. 城市发展布局的变化

农业和旅游的融合驱动了城市发展布局的变化。产业融合常常选在城郊集合地，而此时城乡一体化让城郊结合区变成了重要的支撑地，尤其是特大城市负荷发展的状态下，为了缓解交通和土地的紧张状况，城郊区的发展是主要的趋势。过去的城郊区没有完备的配套设施，交通状况也未得到很好的解决。此时，卫星城出现了，它有着独立的特性，建立在大型城市周边，有着完善的公共设施和住宅。现代农业旅游产业丰富了卫星城的形态，城市产业和田园可容纳大量人口的流入并解决就业问题，让城市实现自给自足。一、二、三产业的融合让区域形成了多样化发展局面，卫星城的特征就是协作生产、提升设施水平、增强独立性，最终达到生活工作平衡态势。所以，现代农业旅游将与城市建设相结合，改变当前城市发展的布局。

3. 社会经济发展状态的变化

农业与旅游的融合终会带来社会经济发展状态的一系列变化。现代社会经济的关键要素就是有机农业、生态旅游和低碳生活。把这些要素集合在一起的农业旅游业将在几个层面带动社会经济的发展：对于旅游业来说，可以提升其经济收入，城郊区与卫星城的农业旅游区会有大量的城市人口被引入，在田园进行体验和休憩，原生态的农业旅游会激励区域旅游相继发展并增加经济收入；对于相关产业来说也会带动它们相继发展，专业化与分工体系是现代农业旅游的核心所在。现代农业与旅游元素在产业价值链中有着重要的作用，而与农业旅游业相关的产业也将发挥融合作用，它们的融合与整合共同形成竞争力；对区域范围来说也会促进其发展，农业与旅游属于绿色经济范畴，大部分的区域不具备工业发展的条件，它们具有丰富的旅游资源和发达的农业，而这些将是农业旅游发展的优势和特色，会对区域经济起到促进作用；对区域文化来说也将会促进其繁荣，旅游业会带来多种文化使其进行交流，城市化的改造会提升教育的本质和公共设施资源，农业旅游会提升当地居民的素质和见识，形成区域文化的繁荣发展。

总之，现代农业转型的重要路径之一就是农业和旅游的融合发展，同时也是旅游多元化发展的必然选择，基础研究是推动农业与旅游融合的持续性发展。对于目前国内学术界，农业旅游融合发展的理论性研究中有分歧与争议，因此立足于旅游、企业、产业融合理论等多视角，以农业现实困境为起点，对农业旅游融合发展的基础、动力、发生过程及特征、结果等进行思考与梳理，并进行初步的探讨，但其中不乏存在较多的局限性。总之，目前关于农业旅游融合发展的规律、效应及发展水平的深度研究还处于探索期，融合发展的业态、资源等的监管与引导等更深层次的研究也处于空白，现实的中国农业旅游理论研究是滞后的。据现阶段我国发展实践显示，理论研究应从两个层面进行探索。

第一，重视对旅游、农业与经济关系融合发展的研究，认清推进农业旅游发展的风险。当前农业旅游融合发展是推动农业经济转型、社会文化复兴的重要策略，农业旅游融合发展已是全国各地农业转型的重要着力点。在现实中产业融合发展政策的推动突出了农业过度旅游化所造成的投资热和非农业化问题，违反了农业区域经济发展规律，造成了政府管控成本增加，也引发了社会矛盾问题。所以要处理好融合发展与农业区域经济间的关系，做好各区域农业旅游融合发展策略、各种旅游需求对农业旅游融合发展基础问题的研究，真正实现遵循旅游需求与经济规律，找准发展路径，科学有效地推动其融合发展。

第二，加强农业旅游融合发展资源、经济和管理。融合发展新业态与经济有着一定的特征，也造成了旅游市场需求的无法把握与预测，而"非标化、非规模以上、非正规就业"这样的特征也使农业旅游融合发展无法分类、统计、监管与引导。但这是未来发展的趋势所在，只有将农业资源的基础研究工作做好，才能进行产业融合发展的科学预测和管理。

（四）农业与乡村旅游融合路径

1. 创新完善

农业现代化与乡村旅游融合发展体制机制，强化配套政策理顺了二者间深度融合的体制机制，是实现农业现代化与乡村旅游高层次、深领域融合和良性互动的根本保障。创新完善体制机制，应强化统一规划意识，健全第三产业和第一产业行政主管的协调机制，建立衔接机制，破除条块管理和传统僵化管理体制。在完善融合发展中，还应健全与完善相关管理体制，注重利益驱动机制。强化配套政策，重视资金与财政支持，加大资金投入以完善乡村旅游发展中基础设施建设落后的问题；加大资金投入可改变乡村旅游和农业产业融合中缺乏统一规划和科学指导的问题，以实现二者深度融合所需资金的保障，进而实现农业与乡村旅游互动可持续的发展。

2. 探索创新融合模式

乡村旅游与农业现代化深度融合属于全新的农旅项目，是新农村建设中拉动经济快速增长的重要引擎，其发展空间与潜力较大。乡村旅游与农村现代化融合具有重要的社会经济效益，在融合中应注重模式的创新，以发挥更好的作用、拉动经济的发展。实践中二者融合模式的选择应以因地制宜、实事求是为原则，从当地经济发展需求出发探索新方法、新模式。如休闲农场模式、农业园区模式、农业休闲观光旅游模式及家庭农场模式等。

3. 发展现代农业、培育生态消费观念

我国有着丰富的乡村旅游资源，在与农业现代化融合中应重视培育生态、文化的乡村旅游观念。特别是融合产品和项目方面的创新，更应突出特色农业生产的地位，改变过分突出与重视资源发展的消费观。培育生态旅游消费观念，改变传统粗放式发展模式与理念，满足人们多元化、个性化旅游的需求，提升农业现代化与产业结构的优化和调整。总之，在对乡村旅游与农业现代化融合的探索中，虽然积累了丰富的经验，但仍有诸多问题。要实现二者真正的深度融合，就要全面审视二者融合中存在的问题，分析问题成因。实现乡村旅游与农业现代化深度的融合应全盘考量，完善体制机制、强化配套政策，探索新的融合模式，发展现代农业生产、培育生态旅游观念，以优化升级产业结构，实现乡村社会快速、良好的发展。

二、乡村生态旅游与生态养殖特色农业的融合

（一）生态养殖特色农业与乡村旅游融合的优势

生态养殖特色农业是以养殖为基础，以农业生态建设为特色的经营模式。与同样依托自然条件发展的生态旅游相比，它有更显著的经济效益。随着时代的发展与变迁，农业和旅游间的关联日趋显现，生态养殖特色农业功能突出，其可以改善生态环境质量，提供给人们多重现实的功能，让生态农业和观光旅游结合得更协调。尤其是在城市化加快和竞争日益激烈的社会背景之下，使得现代社会人群更加渴望能在优美的环境中回归自然、返璞归真，也成了社会阶层的共同诉求之一。

农村生态养殖区比较壮观，空气也清新，先进养殖工艺与生产结合，吸引着各地游客群体。随着社会群体收入的提高、闲暇时间的增加，更多的群体选择在农村放松自己。这也让生态养殖特色农业与乡村旅游的融合变得更加强烈。若将生态养殖特色农业的科技应用、养殖过程与旅游者参与相结合，开发利用农业资源、创造生态产品，既能协调农业发展、拓展空间、维护生态，又能扩大乡村娱乐功能、开

辟发展领域、繁荣农村经济，另外，也能形成以旅促农、以农兴旅、农旅互动的新格局，形成农村长远的发展方式。而当前，农村发展中生态养殖特色农业与乡村旅游融合正逢时机，既成为现代农业发展的特征，又是经济增长的动力。生态养殖特色农业符合国家政策，随着农业产业化水平的不断提高，生态养殖场可以有效促进资源循环利用，并通过生物技术、生态循环技术、产品深加工技术、食物链技术、人工组装技术等，实现生产无公害的标准养殖，满足人们追求天然、无污染、无公害的安全绿色生态产品需求。对乡村旅游来说，可利用生态养殖产品发展餐饮、休闲等项目，展现了生态养殖的魅力，为旅游者奉上视觉、味觉的双重盛宴。同时，乡村旅游又可以有效消化生态养殖特色农业的系列产品，充分节省了大量运输、销售、损耗等所需的费用，这也就为养殖农业增加了产品销路，实现了经济效益的最大化。

（二）生态养殖特色农业与乡村旅游良性互动和融合

1. 加强协同规划与统一布局

生态养殖特色农业与乡村旅游之间没有天然的鸿沟，完全可以通过合理的协作来推动二者的交互。基于此，生态养殖特色农业一方面向集中、精良、特色转变，提高了产品技术含量与附加值，也让社会群体增加了探究与好奇心理；另一方面，向新、奇、特的方向拓展，更好地把握与调动市场消费。对当前生态养殖与乡村旅游来说，要打破生态养殖特色农业与乡村旅游的规划与管理格局，合力营造优势。这就需要对二者融合发展做全面评估，收集并归纳数据信息，然后协同规划与统一布局，了解二者融合发展的分工配比，探索其切入点，整合农业旅游资源优势，让生态养殖特色农业利用乡村旅游提高产品知名度，打开养殖产品销路，使之占据市场；对乡村旅游来说，要利用生态养殖特色农业推出能够满足游客心理的产品和服务，借鉴成功经验，打造不同的观光体验与旅游感受。只有二者融合互动，打通交互关系，才能协同规划、共享资源、优势互补。

2. 做好政府引导与政策扶持

将生态养殖与乡村旅游融合，是艰巨的工程，单凭一方投资、利用是无法在短期内实现发展目标的,应有政府支持。生态养殖特色农业与乡村旅游融合发展,是生产要素的重组与转移的过程。首要问题就是资源与资金的整合,而当前财政压力大,要建立相应机构,做好政府引导与政策扶持。首先,相关地方政府部门需要在政策上提供切实支持,迅速制定关于生态养殖特色农业与乡村旅游融合发展的优惠政策和产业管理政策,逐步完善在财政、税收、信贷、保险等方面的扶持政策,为招商引资、合伙参股创设有利前提要件;其次,发挥国家宏观调控作用,优化农业资源配置,调整基础设施与相关土地政策,加强农业、交通、建设、土地等部门的协作,指导、协调、管理生态养殖特色农业和乡村旅游的整合发展;最后,成立生态养殖特色农业和乡村旅游整合发展小组,由专业人员进行监察,做好服务质量、经营模式、环保的管理与监督,更应以"良性互动、融合共赢"为目标,让融合发展出成效,并带动群众科学开发、保护环境,让生态养殖与乡村旅游融合发展更高效、更协调。

3. 构建技术创新体系

我国农产品的特色和优势就是价格低廉、质量出众,保障着经济的持续发展,特别是绿色生态农产品在市场一直占有较高的地位。而环境清洁、观赏体验独特也是乡村旅游的一大优势。随着农业技术的更新,物美价廉、环保清洁已不再是农产品的重要吸引力。

而此时环境污染将乡村观光旅游的优势大大削弱。此时应有自主知识产权、核心技术工艺较新的产品,利用科技改善环境,才能抵抗高科技产品与更清洁环境的夹击。因此,需要地方主管与农业产业管理者联合推行自主研发生产、开辟多元化生态养殖产品线等发展策略,利用优惠政策与法规制度鼓励农村生态养殖业、生态旅游加以创新,并对自主创新给予奖励鼓励,让二者交互,促进生态养殖产业和乡村观光产业的高效融合。从农业与旅游长期稳定协作关系上分析,技术创新体系是融合发展的动力与支撑。随着信息技术与市场需求的发展与变化,二者融合也要不断研发新技术、新产品,技术创新是二者融合发展的永恒主题。因此,要构建技术创新体制和机制,提高产品质量与档次,走经济与生态结合的发展道路,拓展生态养殖特色农业的各项功能,引导传统经营向专业、集约、旅游相结合靠拢。技术创新是保持乡村旅游吸引力与竞争的重要手段，要不断地创新技术、产品、服务、制度与管理，让生态养殖特色农业和乡村旅游融合发展追随市场需求，推动二者更高更深层次的融合发展。

4. 注重树立品牌效应

品牌效应是生态产品增加效益、提高价值的关键因素。我国有着种类繁多的生态型农产品，乡村旅游已进入商业运作期，形成成熟运作体系。但其在品牌上的建树并不多，缺乏国际、国内知名度的代表品牌，因此制约二者融合，遏制了整体创收的增长速度。在这些困境下，要求农村主管部门推动品牌创收策略，扩展品牌市场，增加生态农产品与环保乡村旅游的竞争力。第一，可采取聘请指导或派遣的方式学习国际先进品牌运营模式，再结合自身实际创立优质农产品；第二，同步开展国外市场上农村原生态观光旅游体验会、品鉴会等，集中传播品牌价值，形成市场效应，以拓展品牌战略。品牌效应可以延续商业产品价值，为生态养殖特色农业与乡村旅游融合发展带来更大的社会经济效益。生态养殖特色农业的目标是绿色有机食品，而规模养殖方式会在短期内获得高效益，提供给人们环保有机的食品，满足他们的消费愿望，与乡村旅游融合能让游客在生态养殖观光园区内观光体验、度假休闲、品尝特色等。而产品的品牌化发展，能让这些绿色产品得到消费者的青睐，创造更高的附加值。在二者的融合中，应开展特色宣讲活动，树立乡村旅游品牌效应，依托生态养殖特色农业，以乡村旅游为纽带，创造"专、精、特、新"的农业旅游品牌产品，为生态养殖特色农业与乡村旅游融合的发展提供环境。

三、农村文化创意产业与乡村旅游的融合发展路径

（一）淡化产业边缘，实现灵活融合

乡村旅游重要的特征就是产业边缘淡化、边界不强，这为乡村旅游和文化创意产业融合发展提供了基础保障。在推动乡村旅游发展中，可考虑产业化其边缘以实现乡村旅游灵活的产业融合发展模式。此外，文化创意与乡村旅游融合发展并非是

无限度持久的融合，针对各发展阶段灵活地融合发展，才会达到理想的效果。

(二) 提高科技水平，实现便捷融合

运用现代高新技术，就能让产业间融合更加方便快捷。提高科技水平，产业的融合就增加了发展机会。而技术的提高能够改善产业的竞争优势，并提高竞争力。对于乡村旅游来说，依托先进的技术可以开发新产品，将其延伸后获得新业态，可以很好地改变产业路线，丰富产业形式，让乡村旅游融合发展获得延伸。所以，只有科技水平提高了，才能让旅游更好地融合发展。

(三) 放松管制，完善跨界治理

乡村旅游是一个民生性产业，政府应放松产业管制，宽松的产业发展环境才能够吸引人才向乡村旅游地区流动，资金向乡村旅游地区投入，科技向乡村旅游地区汇集，完善资源要素，做好提供给产业融合的条件。产业融合中会造成规则制定、分配制度、资源配置等的不均，所以在融合中应尽可能完善跨界治理机制。要确保各集团的协调，实现联动发展，以集团目标为主，选择合适的管理模式，实现科学有效的配置。可以从三个方面落实：第一，建立更高层次的管理部门进行统一指导，如成立指导委员会，让资源统一部署或调动，以提升产品质量。第二，创建奖惩机制，激发利益集团的参与动力，实现利益的规范与平衡，按照发展所需而采取激励政策。可设立市场产品营销、开发和人才引进等多方面的基金。第三，建立有效监督机制，利用完善的法规制度约束与监督相关利益主体的行为。

(四) 以乡村文化旅游产业园区，实现多元化融合

乡村文化旅游产业园区是依托人文遗存与生态文化资源打造的旅游景区或景点，但其文化创意不足，没有层次性特点，缺乏知名园区品牌和拉动效应，而产业收入也只依靠门票。当然，乡村文化旅游产业园区也有自己的典型优势，如良好的产业融合氛围，雄厚的制度保障，也有艺术、文化创作素材，可让产业聚集，形成乡村文化旅游价值体系，加速了融合发展和文化特色的培育，打造了乡村旅游文化品牌。乡村文化旅游产业园区由文化与乡村旅游融合发展而来，在同类或相关产品生产的

基础上分享市场，用相近的销售渠道、方式借鉴科学技术与理念共享资源，实现多元产业融合发展的新态势。

（五）加强协作，强化政策引导

游客需求日益变化，而且乡村旅游产业边界越来越模糊，所以乡村旅游产业融合发展呈现多种模式，可以与众多产业融合发展，包括休闲、文化创意、科技、生态、信息、养生等产业，因此，乡村旅游产业融合应关注多产业发展动态，加强合作与互补，发现并研究创新融合的路径；关注游客需求变化，以市场需求为导向，打破产业分离思维定式，打开产业融合思路与观念，推进产业融合新产品和新服务。在融合中，政策也十分必要。具体可以从编制规划、制定原则与标准、评选示范基地等方面做出努力，提供给乡村旅游产业融合政策、资金、环境等方面的帮助。

第二节　乡村旅游与生态建设

一、生态文明建设与乡村旅游

（一）生态文明建设

生态文明是指人类在适应与改造环境的实践中创造的人与自然持续共生的物质生产和消费方式、社会组织和管理体制、伦理道德和社会风尚以及资源开发和环境影响方式的总和。生态文明建设符合当今社会环境的建设需要，也是社会发展的要求。对于工业文明来说，生态文明建设是新形态，是人与自然和谐统一的重要体现。它以环保为指导，以可持续发展为模式，以公正制度为保障。并与绿色科技结合在一起，合理生产实现人文生态协调共生。生态文明理念的提出，需提高人们的生态意识，也说明了生态环境的严峻形势。在 21 世纪，生态文明建设是大趋势，要求人们对人与自然的关系要有一个正确的处理方式，以保护好经济与生态环境之间的和谐关系。

（二）乡村旅游与乡村旅游生态化

乡村旅游不是旅游业的新业态，而是在新的历史条件下为适应时代发展的需要，被赋予了新的功能。随着乡村旅游的不断发展，关于其理论研究也变得愈加细致。学术界没有统一的界定，但学者们普遍认同的是乡村旅游是以乡村空间环境、乡村特色生态资源、乡村特色文化为吸引物开发的多种类型的特色旅游活动。乡村旅游虽强调生态特性并以此为特色，但在建设中也受很多因素制约，造成乡村旅游开发背离生态性的原则。有些乡村旅游在开发的同时对生态造成破坏，让自然失去了平衡。在旅游时主客体对环保意识的缺乏也会对环境造成破坏。所以要以生态文明为理念进行乡村旅游的研究，让乡村精神在实践中得到体现。正由于这样的指导与应用，产生了生态的概念。而乡村旅游生态化是以旅游活动来满足旅游者休闲、回归自然的需求。其特点是：第一，凸显专业特征。生态化的乡村旅游有着专业性的特点，是生态环保的需要。它由发展与困境来决定转型方向，更体现出精神内涵。第二，强调环境保护功能。生态化指明乡村旅游未来的发展思路，以传统为基础增加环保的参与，提升其规格。第三，教育作用。乡村旅游生态化强调教育功能，通过对游客的生态教育，提高对环保的意识。应注重环保、资源利用，以及经济与环境协调发展，让乡村旅游可持续地发展。

（三）生态建设与乡村旅游的关系

生态文明建设和乡村旅游发展是相辅相成的关系，生态文明理念是指导乡村旅游持续发展的原则，而乡村旅游开发和利用也在对生态文明理念做着宣传工作，推动了生态文明建设的示范性作用。

1. 生态文明理念指导着乡村旅游的持续发展

生态文明建设的意义是合理利用资源，以获得社会生态的平衡。乡村旅游与生态文明的融合，是让乡村旅游与经济和生态长远而平衡地发展下去。第一，乡村旅游在全面的发展过程中,应以生态文明理念进行指导。其基础是人文与自然环境资源,它和生态环境关系密切。生态文明要求人们有生态文明观,以此来支撑乡村旅游的发展。随着环境资源负担的不断加剧,建设生态文明已无法拖延。生态文明可以缓解旅游开发所产生的污染、生态的破坏和经济发展需求矛盾,并提供支撑与指导。只有以生态文明理念为指导,才会保持乡村旅游长久的发展和未来的建设。第二,乡村旅游发展依赖生态文明制度的约束。生态文明理念可以转化为生态规范和立法进而上升为生态制度。生态文明制度对于人们的行为进行制约,在制度规范下人们会有好的生态习性,慢慢形成自觉的生态行为。在乡村旅游活动中有许多的主客体,因此管理者们要有极高的环保意识,同时也要求游客应该具备自觉的环保意识。生态文明建设具有教化功能,它可以教化人们环保意识,在自觉的行为下对生态加以关注和保护。第三,生态文明科技是乡村旅游发展的全新动力。新时期的生态文明,提出新的内容以强调现代科技的应用。生态环保也要结合现代科技和力量,运用新工具、新手段,并投入乡村旅游发展中,在保护环境的同时合理开发乡村旅游资源,促进其良好运行,以加速生态化转型。

2. 乡村旅游是生态文明发展的有效途径

第一,乡村旅游所独具的特点是适合生态文明的发展。乡村旅游虽然规模不大,却结合了当地民俗文化。来到乡村旅游目的地旅游的人一般都是在城市中居住的人,他们进行旅游活动的目的是亲近自然、体验乡土文化。而乡村旅游正是秉承这一特点,能缓解人们的生活压力、放松心情。另外,也可以减少对环境造成的污染,实质上它是生态经济发展模式,乡村旅游的发展依赖于良好的生态环境,所以在乡村旅游发展前,需要对乡村旅游目的地的生态环境进行规划,乡村旅游发展过程中,又需要注重乡村生态环境的保护。与此同时,乡村旅游能够让旅游者体验当地的绿色旅游风尚,体验生态文明带来的好处,促使他们不断增强旅游者的生态文明意识。从这些层面来说,乡村旅游是生态文明发展的有效途径。

第二,乡村旅游所开发出的具有乡村特色的产品,可以为生态文明理论提供传播的平台。乡村旅游让生态文明建设得以展示,它利用了自然生态景观与原汁原味的本土风情,向人们展示最纯朴、最自然的生态生活。在旅游中感受自然,正是这些产品的出现让们也看到了生态文明的内涵。利用乡村旅游绿色生态景观的独特之美，吸引游客感受旅游的情趣，进而接受生态文明的传播，获得生态旅游的丰厚硕果。

二、乡村旅游生态转型路径

（一）以生态文明促进法律与制度建设的生态化

要促进乡村旅游生态转型，第一，要建立定量生态标准，发展生态理论。乡村旅游生态转型需要生态理论作为指导，而生态理论也在时代下被赋予了新内容。第二，完善生态指标，为乡村旅游生态发展提供依据。第三，完善法律体系。法律法规是乡村旅游发展的保护者，也是生态文明建设落实的途径之一。因此，应推进乡村旅游法律法规体制的建设，制定行业标准与等级评定，促使乡村旅游的开发者和经营者在开发和经营过程中遵守生态文明方面的相关制度要求。第四，加强有效监管。政府政策一般都较合理，但有时会在执行环节出现一些需要解决的问题，因此，应建立监督机构，一边提供给乡村旅游管理与工作者相关指导，一边发挥监督作用。监督机构的设立要遵循公平开放原则，发现不符合标准的信息就要及时进行处理，把乡村旅游的项目质量大幅提升上去。

（二）以生态文明建设推进意识教育的生态化

第一，注入生态服务理念。乡村旅游正在一步步扩大着规模，旅游者对服务质量的要求也越来越高。景区服务质量的好与坏对游客关于乡村旅游的认可度有着极大的关系，此时生态转型是发展的必然，它所提供给游客服务的满意程度取决于管理者与工作者的服务意识与经营理念。人的行为源自思想意识，因此乡村旅游生态化就需生态文明意识来支撑。只有人人都能明白生态文明建设的重要与生态教育的功能，才会实现乡村旅游更好的教育生态化。第二，把旅游和生态服务有机结合。乡村旅游生态教育功能要与服务结合才能发挥出其功效，让旅游者体验自然景观、生态教育。提升乡村旅游功能，发挥乡村性。第三，对乡村旅游发展中的相关人员，应该加强培训和指导，实现工作人员素质的有效提高。提升群众生态环保技能，在发展乡村生态旅游时除遵守环保要求外，也要做到有效治理，减少生态破坏，提高治理效率。

（三）以生态文明推进特色旅游生态化

第一，运用生态技术，培育生态旅游业。现代乡村生态要转型就要以科技作为依托，降低生产投入的成本，提高旅游所带来的经济效益。乡村旅游的最终的目的就是促进生态保护、经济繁荣发展，而生态技术是此次转型最重要的推动力量。以生态技术研发环保产品，如太阳能发电等。第二，从乡村环境中发掘乡土与文化资源，从而研发出创意产品。此次转型也是人文和环境的融合，因为乡村旅游发展就需要对人文资源价值进行深度的挖掘，从不断挖掘与创作中发现更多新的旅游产品形式。开发"一村一品""一村一景"，不断推进以人为本和以生态为本的有机结合，彰显乡村旅游的生态内涵和绿色韵味。第三，将生态特色变成旅游经济优势。乡村旅游满足新农村建设的要求，可实现带动经济全面发展。生态转型就是要让生态与经济协调发展，因此就要把文化、景观、生态文明与科技结合起来。开发新的旅游体验产品，以满足日益增长的市场需求，把乡村旅游产业链继续延伸。

总之，生态文明理念是乡村旅游内涵的体现，生态文明建设提供给乡村旅游发展的机遇，乡村旅游生态转型也是生态文明建设的主要途径。如要解决乡村旅游如今面临的困境，就要坚持生态文明指导，走绿色生态化的新路子。提高全民生态意识、完善规范标准、创新特色旅游。让乡村旅游与生态文明建设共同协调、有序地发展。

三、乡村生态旅游创新发展的有效路径

（一）宏观层面

1. 加强政企乡合作

乡村生态旅游有较广泛的影响范围，关系到当地经济建设和生活质量，具有带

动性和联系性，政府部门对此应高度重视，并发挥自身的引导和指挥作用，为生态旅游建设和发展提供保障。总之，政府成立工作小组，提供科学规划与指导，按照当地情况，制定乡村生态旅游政策，加强基础设施建设，加大推广，创造条件拓展资金源，注重管理人员的培训，提高综合素养和能力，增强乡村生态旅游管理水平。

企业在乡村生态发展、优化就业趋势、改善经济结构上有着关键性的作用。因此，管理人员应掌握市场，了解游客消费心理，以提高企业管理水平，探索当地文化与民风，进行产品设计，推进多样化的发展。另外，企业一边追求经济最大化，一边也要重视对环境的保护。总体分析生态系统的负荷，做到合理开发、无污染发展，以人们生活生态为前提，科学开发和利用土地。

2. 重视平衡性发展

乡村生态旅游发展可以实现新农村建设、生态平衡发展、农业进步，所以在这场发展过程中起着指导作用，对此，要从转变城乡结构出发，打造乡村生态旅游，切实掌握市场形态，加强农业产业调整，改变农村就业难的问题，提高村民生活质量，加强城乡互动，实现全面和谐统一的社会经济效益。

3. 以城市带动乡村

政府应制定引导城市旅游和乡村旅游合作的相关政策，让他们共同进步，协同发展，但要注意确保双方利益的最大化。城市旅游有资金和广泛又固定的客源，并有良好的口碑，因此乡村旅游应与其合作。例如，与旅行社合作进行生态短途旅行，以此提升知名度。与城市旅游进行合作，共同开发产品，共产共销，不断增加效益。政府方面可以制定优惠政策，把城市旅游吸引过来进行投资开发，以城市条件来推广生态旅游，把知名度提升上去，打造特色品牌，深化城乡旅游联系，以城市带动乡村实现共赢。

（二）微观层面

1. 突出乡村特色

城市生活节奏快，乡村慢生活的舒适安逸受到城市大众的欢迎，生态旅游备受青睐。传统农家乐式的乡村旅游无鲜明的特色，无法满足游客的需求。只有突出特色，拥有自主品牌的旅游项目，才能在市场上拥有更高的竞争力，并占有市场。乡村生态旅游产品的开发和设计，要打破思维模式，重点是当地的特色，明确自身优势，设计出新颖别致且有纪念意义的旅游产品。

2. 加强基础建设

交通一直是乡村生态旅游建设的重点问题，也是主要因素，有关部门应加大对交通方面基础设施的投资，完善交通网络，对乡村生态旅游地区临近的主干道要增加班车。在旅游高峰期时，特设便利城乡之间的公交，让游客出行顺畅。对于那些比较偏远的乡村景区可以增加基础设施，如临时休息区、加油站等。

3. 重视培训管理

村民在乡村生态旅游中处于重要地位，代表着乡村面貌，对于他们素养的提高非常重要。应加强职业培训管理，提升文化与服务质量。不断增强村民、建设人员、管理层对人与自然和谐统一关系的更深层的认识，在利用生态资源中，要强化自身环保意识，履行维护生态平衡的义务和责任，严格要求自己，维系美好家园，进而促进社会、自然、经济与环境的和谐发展。

第三节　乡村旅游与人文发展

一、乡村旅游与乡土文化的保护

我国农耕文明历史悠久，在历史进程中形成的传统村落成为传统农耕文明的载体，而其中蕴含的乡村文化更是农耕文明的灵魂，这两者关系密切并融为一体。对于传统村落和乡村文化的保护，常称其为传统村落文化保护，以强调传统村落和乡村文化保护的一体与融合发展。

（一）传统村落与乡村文化

我国的传统村落也叫作古村落。在2012年由国家四部委联合成立专家委员会将"古村落"改为"传统村落"。传统村落是形成较早的村落，有着传统文化与丰厚的乡土积淀，这里代表着古代农业文明和古人文环境理念，是有着历史与文化价值的村落。它是农耕文明的遗存，是古代生产生活的充分体现。传统村落有着丰富的乡村文化，是我国民族传统文化的根基，承载着民族文化的精神内涵，凸显着传统村落的重要价值。传统村落作为乡村文化的代表，文化积淀丰厚，成为复兴传统文化的依托，如今全民共同关注着传统村落文化的保护。

（二）传统村落文化的保护意义所在

传统村落在农耕时代慢慢形成，是国人精神的寄托，承载着国人的历史记忆，有着重要的历史意义和现实价值。其价值体现在以下几个方面。

①传统村落有文化传承价值。千年农耕文明发展史中形成的传统村落，有着丰富的传统乡村文化。其承载着民族精神，是民族发展的基石和养分，也是历史文化传承的主要内容。

②传统村落可以增加民族凝聚力，是民族精神的依托。传统农村通过家庭连接，村落成为文化传承的载体，它把民族的各个阶段衔接起来。天然村落的文化与追求凝聚着极强的民族力量，是我国社会发展的精神动力。传统村落也成为当代走向城市农民的重要精神依托，还是漂泊海外华人华侨的重要文化记忆。

③当代农村的发展可以借鉴传统村落，并有着重要的意义。传统村落中人与自然融洽相处的生态发展观，是古人的智慧所在，也是民族和谐、包容价值观的代表，提供给当代农村生态发展与乡村建设以借鉴的功能。

④传统村落中的乡村文化，对农村秩序的维护和居民行为的规范有着重要意义。古代社会的生产生活因环境而受限，家庭文化的建立，对村落稳定、村民关系、生产秩序等方面的发展都有着极大的影响，是如今农村治理可借鉴的最好方法。

⑤认同传统村落乡村文化可以激发居民的文化自信，是推动乡村建设的原动力。

传统村落所培养的文化信仰，是当代精神文明建设的重要支撑。二元城乡的到来，造成乡村文化的危机。但不论村落变迁还是发展，关于乡村文化记忆始终都是农村发展的精神力量，是激发居民奋发建设现代化新农村的精神力量。

（三）基于乡村旅游发展的"活化"保护

传统村落文化保护是农村整体建构，它是文化生态工程，而非简单地保护古建筑或扶持一种手工艺或培养非物质文化传承人便可实现的。虽然这些举措必不可少，但要让传统村落拥有生命力，就要与乡村文化共生，打造和培育传统乡村文化，共建生态环境，在传统村落形成生态文化场所，从而创新和发展。旅游文化消费与游客乡村生态文化消费都是对乡村文化复兴的一种刺激，有着牵引的作用，让乡村旅游文化推动传统村落与乡土文化的重生。

1. 乡村旅游产业化

社会发展进步的同时也会淘汰一些旧文化，并将新文化显现出来，这是自然规律，也是人类进步的表现，当然传统村落和乡村文化也不例外，都要经历发展与变迁。我国农耕时代较漫长，具有典型的农耕文明特征，它的表现形式和内容都与传统农业生产生活相关联。人类的发展与进步，现代农业取代了传统农耕形式，尤其是城市已作为人类活动的中心。农村生产生活发生变化，传统村落和乡村文化的去向成为社会讨论与思考的话题。我们认为现代农业的生产方式虽然发生了重大变革，农业技术取得了重大进步，但并未改变其农业经济的本质，传统村落与乡村文化延续、传承与发展的基础依然存在。新时代的到来，传统村落和乡村文化要解除束缚，离开城乡文化的阴影自我发展，利用自身优势提高条件，这是传统村落和乡村文化得以保护的重要之处。北京大学吴必虎教授就认为传统村落要保留传统文化，不能一味地、被动地保存或者是原封不动地保存，传统村落要活化，要实现传统要素和现代功能的有机结合。

但现实中，我国农村多数与城市存在差异，乡愁是美好的，但乡村却并不一定美丽，传统村落失去了以往的魅力，无法吸引居民，而乡村记忆的美好代替不了现代在农村的发展之难。我们可以借鉴城市发展成果，加强基础设施和服务建设，让农村更便利、更有时代性，实现其现代化，让乡村变得更加美好，才会让传统村落和乡村文化发展变成现实。但城市功能融入农村生活，带给居民现代化享受的同时，要注重传统村落和乡村文化中优秀文化的保持，尤其是对文化内涵和精神风貌的保持。

旅游业是可利用的手段，能把城镇现代化功能结合于传统村落与乡村文化之中，让旅游业与它们的结合变成可能。旅游的开展当然离不开社区的城镇化，乡村旅游不是让游客脱离城市生产，而是让他们在短期内回归农村体验传统生活，把传统乡村的文化记忆找寻回来。而农村现代化一直是居民所追求的生活方式，因此也可以对传统村落文化进行保护，让旅游推动与引领农村的可持续发展。

2. 旅游与乡村文化的结合

在新时代的引领下，传统村落和乡村文化慢慢走向了衰弱，城市取代了乡村，但这并不代表传统村落与乡村文化就失去了发展的空间。我国是农业大国，农村人口众多，乡村文化依然是现代文化建构的重要内容。农业现代化脱离不了农业，而农村也还是农村，乡村文化只不过是农村发展的一种依赖。新时代的乡村要不受城市的影响做回自己，在城市中汲取营养再回归现实理性之中。但是，在之前的很长一段时间里，我国的新农村建设只是简单地模仿城镇，照搬照抄城镇建设模式对农村进行城镇化改造，盲目追求城镇的空间扩张与规模扩大，导致大量传统村落消失，农村社会文化遭到重大破坏。这样脱离农村与乡村文化传统的做法无法保证乡村文化特色，无法使乡村成为宜居之处。宜居乡村需要农业现代化作为基础，让经济持续发展，提升整体发展力，提高人们的生活水平，带动乡村复兴，让农村变得更加有魅力，让美丽乡村的梦想实现。

在我国，乡村旅游发展越来越快、越来越好，而此时传统村落与乡村文化是最好且最重要的资源依托，有大量的游客被吸引到农村参与旅游活动，因此，旅游成了农村经济发展最重要的推动力量。而传统村落和乡村文化保护是其发展的要求，乡村旅游的目的就是让人们回归乡村，追寻乡村文化与农事体验。所以，只有保护好传统村落与乡村文化才能保证乡村旅游顺利地开展。在此情况下，被保存好的传统村落迎来了发展机遇，居民懂得了家中房子与老物件的价值所在，它们不但是经济收益的来源，同时也让居民对与之有关的文化提高了保护意识。所以说，旅游是这些文化的保护推力，乡村旅游中文化展演就是传统文化宣传教育形式，让人们认识到了文化的意义与价值，从而能参与对其的保护；同时，在文化展演中，居民所具备的文化习得会相互传递。这一形式契合时代又传播文化，利于形成新乡村文化风尚，因此会诞生新的传统精神和乡村文化。

3. 乡村文化的认同和现代化进程

当前，乡村旅游是保护乡村文化的有力手段，其能够提升居民文化认同感。在发展中，生态文化是人们最为青睐的，他们喜欢农村文化生活，且兴趣极高，因此乡土生活变成游客追逐的对象，保持乡土文化也成了关键。在这一过程中，农村居民通过乡村文化的习得与展演，增加了对传统乡村文化精神的认知，可以收获文化自信与自豪，强化身份认同，这为传统村落与乡村文化的保护与发展提供了重要的内源性动力。农村社会与主体只要适时适度、规划合理，强调旅游发展，重视文化功能，发展旅游业就能做到保护传统村落和乡村文化，也能增加居民对传统村落保护的热情。旅游为农村提供保护的条件，为传承文化提供动力。所以，旅游业为传统村落建设和文化传承提供了新的路径。

对目前乡土文化与传统村落的保护情况，有许多文化人士对此表示很是担忧。当代旅游业实质上是不会对文化造成破坏的，只是在开发时的利益驱使毁掉了文化，让目的地付出了文化代价。因此，提醒人们发展乡村旅游时对于传统村落的开发需谨慎，应以复兴乡村文化为初衷，并形成历史责任感。旅游业的发展使文化从实用、自娱向着审美跃进，既能对乡村文化加以保护和传承，又能通过文化传播把其发扬光大。传统村落建设与乡村文化传承的关键是要恢复乡村记忆，重新建构农村居民适应于现代农业生产、生活的思维方式、生活习惯及价值观念，而恰当的旅游发展模式可以推进乡村记忆的重构，为乡村文化的保护与传承及乡村文化认同的重建提供动力。因此，传统村落和乡村旅游有着密切的关联，二者组合成了乡村旅游产品，挖掘传统乡村文化是旅游发展的手段。反之，传统乡村文化有着不可替代性特征，也让它成为最具自身特色的资源，在发展中得到了保护。

二、乡村旅游与乡风文明建设

中央城镇化工作会议在 2013 年 12 月对城镇建设提出了要求,包括"让居民望得见山,看得见水,记得住乡愁"。城镇化进程并非以乡村荒芜为代价,乡村发展要与城镇化共同进行。经济快速发展加快了城镇化的进程,居民的旅游形成了多样化。旅游经验的完善,以及闲暇时间受到限制,使近距离乡村旅游有了增长趋势。传统景点的旅游,目的地居民游离于景点外不能共享利益。这种模式引发了利益相关者间的矛盾,游客只有在景点才能感受当地的人文风情。在 2016 年时,全国旅游工作会议提出旅游从"景点旅游"转向"全域旅游"。2017 年政府报告中又明确要"完善旅游设施与服务,大力发展乡村、休闲、全域旅游"。这些政策对乡村旅游发展提出了要求,应改变发展模式,以全域旅游来发展乡村休闲旅游,让居民参与发展,让旅游者感受到乡村和人文风情。

(一) 乡村旅游中乡风民俗的现状

乡村之美因有青山绿水,乡风文明也在乡村之美的范畴内。随着乡村传统与外来文化的影响,乡风民俗仍保有其优秀的传统,但也有与现代文明相悖的地方。

1. 过分强调物质建设、乡风文明地位缺失

改革开放,人们开始重视经济,同时也开始关注于物质文明的建设。物质是社会的基础,其意义不可忽视,但社会发展也需要精神文明的参与,它指引着人们的生活,同样也要受到重视。在农村考核中,经济有时要高于精神文明指标;个别农村就是抓住了这一经济发展时机,让人们发家致富,在村庄有了话语权,但却形成了"有钱就有一切"的认知观念,过于追求利益。攀比、铺张浪费之风盛行;为了经济利益不惜破坏环境的事件时有发生。因教育水平有限,村民并未觉得文明乡风有多重要,更缺乏公德心,因此使农村文明度急剧下滑。

2. 居民生活单调,形成道德观念的弱化

乡村是熟人社会,家庭、邻里关系组成了乡村体系,也是乡村风气的体现。利益的驱使让村民文化缺失、道德弱化,家庭因利益产生经济纠纷的事件日益增多;村庄内大办婚丧嫁娶、升学、入宅、贺寿等活动,村民相互攀比,礼金更是水涨船高,这些现象已成为不富裕村民的沉重负担。因此引发了村民关系紧张,影响着乡村文明的和谐。乡村生活相对来说应是简单的,村民在农闲之余没有多样化的娱乐;因文化素养薄弱,村民没有读书看报的精神追求,但是酗酒赌博等不文明行为广泛存在于乡村地区。对这些活动若不加以控制,既会影响村民的生产生活,又会引发家庭矛盾。尤其是对青年人来说,他们自制力较弱,偷盗等违法行为会将他们送上一条不归路,从而影响家庭与社会的和谐。

3. 诚信缺失,应崇尚契约精神

契约精神是现代经济发展的助力,也是人际关系的基础。人与人相互信任,守承诺、重信用才可以构建和谐的社会。经济条件越好、素质越高的人,契约精神越会突出体现,因为一旦违反契约精神,便会遭受更大的损失,这也是鼓励讲诚信的重要之处。乡村居民相对受教育程度不高,提升综合素养也受限制;他们只有狭小的生活范围,很少与外界来往,因此受现代契约精神影响也较小,村民还不明白诚信会带来怎样的好处。人的传统人际关系源于地域和血缘,也可以说是"熟人关系",传统文化就贯穿于熟人交往中,但外来游客与村民交往过少,特别容易显现人"恶"的一面。为了利益,就会出现不守承诺等行为。这些行为破坏了乡风,也影响着游客的感知,这是无法吸引游客重游的主要问题,长此以往势必会摧毁乡村旅游的秩序。

4. 乡村文化未得到传承

中华民族是世界古老文明的拥有者,几千年来留下了璀璨的文化。时代的变迁会使传统文化的传承与发展受到冲击,出现不相适应的情况,但它的精髓对今天而言依然意义重大。乡村中乡贤等文化在治理、调整乡村人际关系中起着巨大的作用。在时间、观念与人才流失下,文化也在慢慢地消失。当时,乡村家庭总会有矛盾发生,一些青少年的品德不端正,这都是没有优秀文化所造成的。因缺乏教化,人们忘记了礼仪和习俗,现代快节奏的生活让人们喜欢上了简洁与便利,人们生活缺乏仪式感。传统礼仪在居民生活中有着实际意义，也对旅游者产生着吸引。如果这些乡村文化和礼仪被充分挖掘与传承，会让乡村旅游更加有魅力。

（二）构建乡村旅游文明乡风培育机制

建设与国际接轨的旅游环境，应有多重旅游要素协同发展。乡村旅游在旅游发展中是不可或缺的部分，除科学规划外，还要在乡村建设硬环境，加强软环境，即文明的旅游环境。当前，只有构建文明乡风，打造文明氛围，才能让乡村旅游更有吸引力。

1. 公共治理和传统礼俗结合，实现现代化乡村治理

传统乡村是礼俗社会，他们对伦理规矩特别重视；而现代社会却更加重视契约精神。当前我国乡村的状态并未发生改变，而规矩即"礼"仍是乡村秩序的准则。但因城市文化的影响，文明乡风的培育只依托传统道德是不能实现的，还要以乡村治理机制为保障，从公共治理中找到方向，实现现代化治理，让文明乡风的培育拥有制度的保障。要完善乡村治理制度，约束居民文明乡风，弘扬优良作风，调节家庭矛盾，提供村民学习文化的机会，改变传统观念，提高综合素质，让村民参与乡村建设，并使其成为建设的主体。有序的文明乡风也是吸引游客的重要因素。

2. 加强乡村文化建设

在当前游客中，城市居民占大多数，发展乡村旅游就是让资源变成吸引的力量。城镇化中，城市文化碾压着乡村文化。因对城市生活的向往，居民会模仿城市中的生活，摒弃传统习俗，城市和乡村呈现同化趋势，这是对乡村旅游致命的打击。乡村旅游吸引人的地方就是与城市的差异，若失去差异就失去了吸引游客的能力。农业自然经济相对闭塞，各地都有自己的本地文化，如海南黎苗文化、妈祖文化、各地宗祠文化等，都根植于乡村，没有乡村它就失去了生命。各地组织力量挖掘本地文化，将它们融入乡村建设中；制定文化建设方案，打造节庆活动，让本土文化"活"起来，融入村民的生活中，使其焕发新活力。在乡村文化中，文明乡风是其中的一员也是重要的组成部分，只有乡村文化得到发展才会建设成文明乡风的良好环境。

3. 构建立体式礼仪教育

人们对风气的认知：第一，行为规则方面的认知，包括个人形象、社交礼仪、环境卫生、风俗习惯等，这些都是直接感知；第二，当地社会精神风貌与人内心幸福感，也是深层次感知。这些都是组成目的形象的因素，都有各自的吸引力量。乡村旅游发展要将这两个方面加以改善，提升吸引力的当务之急是要从行为规则入手，进行礼仪教育。人有内、外两部分的礼仪素养，外在的行为素质，内在的综合文化素养。古人讲"诚于中而形于外，慧于心而秀于言"寓意也正在于此。内在综合素养需要长期的提升才能实现，而外在行为素养则不需过多时间。

乡村旅游包括居民的生产生活，村民主体能让游客感知旅游吸引物。相对城市来说，乡村发展相对落后，乡村居民大部分都缺乏文化熏陶，不管是个人形象还是人际交往都缺少规范的约束，不良行为随处可见。要建立礼仪教育机制进行教育。第一，通过对乡村现代化治理和文化建设，促进村民的学习意识，使其变成自发学习。第二，以家庭为主开展青少年礼仪教育。我国教育理论就是"幼儿养性、童蒙养正、少年养志、成人养德"，乡村居民文明礼仪要从孩童时期抓起。要在生活中建立行为准则，让孩子受教终生。第三，学校教育。在学校课程中纳入礼仪教育，突出教育效果。第四，社会教育。在生活中锻炼交往能力，学习礼仪，尤其是乡村节庆活动最能加强礼仪教育的实践性。

4. 发掘和培育乡贤文化

在古代乡村治理中，乡贤文化作用重大。封建社会官员未深入乡村进行统治，乡村治理只有乡贤连接着居民和行政单位。当时的乡贤在乡村中有着较高话语权和地位。乡贤指传统乡绅中有文化、有贤德和担当的人，也指贤达人士。乡贤文化包括古代遗留的传说、文献、文物和热爱乡土、文化精神，也包含现代乡村对乡贤精神的继承。这些精神在历史乡村治理中有着重要的作用，在当今乡村中也有价值意义。我们要发掘和培育乡贤文化，利用乡贤协调乡村秩序，培育乡村文化的发展力，促进文明乡风建设,以推动乡村旅游的发展。

三、乡土文化传承下乡村旅游的可持续发展路径

乡土文化和乡村旅游,二者的发展是相互促进的,只有两者进行充分互动,才能实现乡村振兴。但乡村要产生吸引力,无论是对内部村民来说,还是对外来投资者、旅游者来说,文化是最根本的要素。乡村旅游可持续发展的意义:一方面,带动当地文化的持续发展;另一方面,乡村旅游在当地地位极高,是推进城乡一体化建设的动力。在乡村旅游发展中,乡土文化得到了传承才能让乡村旅游持续发展。所以要发展乡村旅游,就要深入挖掘乡村文化内涵,赋予乡村灵魂,通过文化促进乡村的复兴与繁荣。挖掘当地独特的文化内涵,首先,要挖掘村民原汁原味的生产生活方式。村庄的历史、民俗当中,都隐藏着乡村独有的历史文化积淀,这些同样是乡村旅游的"富矿"。其次,将乡村旅游与特色文化相结合,有助于打造出更丰富的旅游产品,进一步拓展旅游发展空间。最后,留住乡村之"魂",赋予乡村更多的文化内涵,才能赋予乡村旅游更多魅力。具体来说,可以从以下几个方面入手。

(一)发掘乡土民情、弘扬乡土文化

乡土文化如何渗透于乡村旅游之中,成为当前的重要问题。应以当地特色文化为指导方针,突出乡土气息,并在开发中得以展现。乡村饮食风俗、婚俗民情、节日庆典等活动都有着丰厚的乡土色彩,这些资源对乡村旅游可持续的发展有着巨大的推力。例如,"七夕"是人们举办婚俗礼仪的亮点,也是对传统婚俗的深化,可以此吸引大量旅游者,并弘扬乡土文化。

(二)重视乡土文化开发和保护

政府要以特色文化为铺垫,结合科学发展理念,制定乡土文化开发策略,结合对当地乡土文化资源的评估和调查,将传统乡土文化融入总规划中。此外,要脱离城市的影响,以当地发展为目的,以乡土文化显示出乡村旅游的性质。

(三) 居民应重视乡土文化的重要性

乡土文化作为乡村旅游的灵魂,在乡村旅游中有着独一无二的作用。广大居民对乡土文化资源缺乏高度的认识,保护意识较低,让很多地区乡村旅游文化资源遭到了破坏。因此,第一,居民应借助乡村旅游的发展来提升当地知名度,同时增加自己的优越感,重新认识乡土文化的意义;第二,按现代媒介宣传,以居民为主进行乡土文化的普及,促进居民提供体验活动。居民是乡土文化的创造者,也是保护者。居民应确立自身价值,明确乡土文化的重要性,要将保护义务和责任附加在自己身上,在乡村旅游发展中,要积极参与到乡土文化的保护之中。

第四节 乡村旅游与科技发展

一、"互联网+乡村旅游"应用背景

(一) 人们消费的改变

现代社会的发展让城市中人们的生活、工作与学习等活动空间受到了限制,那里的居民更加向往活动的拓展性,崇尚乡村生活。城市中由于土地面积有限,人口密度大,同时受工业生产和道路交通的影响,环境质量差,而在乡村生活的人们能够随时呼吸到新鲜空气、体验乡村活动和品尝乡间美味等。物质生活的提高让人们开始追求精神生活的享受,消费模式与习惯均发生了改变。此时,人们的业余生活更倾向于乡村旅游,也相应刺激了市场的发展。而互联网技术的应用,为乡村旅游提供了交易平台,"互联网+乡村旅游"模式的发展前景较好。

(二) 政府政策支持

在市场经济下国家支持并鼓励各行业的发展,城市的发展带动了周边经济的发

展，旅游市场的不断火爆，也让国内对乡村旅游经济的发展重视了起来。例如，在我国的安徽省旅游业中，乡村旅游是极为重要的板块。2014年2月，经国务院同意，《皖南国际文化旅游示范区建设发展规划纲要》正式颁布、实施，主要是为了在旅游示范区建设中提升安徽省关于乡村旅游发展的开发水平和营销水平。

二、"互联网+乡村旅游"发展新途径

（一）确定技术路线

发展"互联网+乡村旅游"主要依托互联网技术，因而在实际发展中需要应用互联网思维，加大技术研发和投入力度。例如，在乡村地区进行旅游信息数据库建设，通过电子商务技术和移动互联网技术应用，打造统一的乡村旅游信息服务平台，平台服务项目包括旅游线路交通导航、旅游景点信息查询、天气预报推送、农家服务或产品订购、线上交易及服务点评等。在"互联网+乡村旅游"发展中，应用信息技术研发，投入适应旅游活动的技术，搭建云计算信息平台，整合设施，在管理控制下，整合硬件资源。利用电子商务平台提供给旅游便捷、高效的服务，提升服务水平和质量。信息与数据资源支撑着乡村旅游的发展，对技术路线分析可以完善各电子服务平台的搭建，为乡村旅游经济发展硬件奠定基础。

（二）经营农家乐

乡村旅游发展是以乡村资源为基础，为游客提供观光、土特产等产品服务，但在此过程中由于不同地区乡村自然特色、资源类型和文化习俗等不同，在旅游产品的开发中应该注重品牌效应，设计、开发不同的旅游活动，提供丰富的产品服务，其中农家乐活动因其独特的互动内容深受游客的喜爱。"互联网+乡村旅游"的农家乐，应做到创新且规范的运营，在互联网中要统一服务标准，否则会造成游客投诉增加。在乡村旅游经营中农家乐是必不可少的一项内容，要构建统一的服务平台，发布产品信息，做到形象的统一，并进行产品开发、宣传、推广和营销，提升农家乐经济效益产出比重，打造"互联网+乡村旅游"的良好服务品牌。

（三）智慧服务平台

形成"互联网+乡村旅游"新业态，应在乡村旅游发展的实践中应用各种信息技术建设旅游智慧服务平台，搭建电子商务与移动互联网商务信息共享平台，在旅游信息共享、共建中满足商务需求，"互联网+乡村旅游"智慧服务平台中的多终端信息传输，它可以满足乡村旅游市场的开拓需求，在相关信息的预定、引导、查询、推送与交易中满足人们的需求，突出了公共服务与监督价值。

（四）保障消费者权益

乡村旅游发展"互联网+乡村旅游"模式，需要开发整合与利用多种社会、经济、技术与市场资源等，包括在农家乐经营中也要先做市场调查，了解基本消费需求，在信息资源的整合中分析与预测品牌经营的方向，最后做好售后点评服务。售后点评的目的是及时了解旅游者的消费意见，以争取后续改进，另外也是为了完善服务，提高消费满意度增加二次消费。在互联网技术支持下，网络在线点评更加便利、快捷，信息收集和整理更加高效，但是在运营农家乐的同时仍旧需要建立更加规范化、完整化和系统化的消费者权益保障体系。例如，制定《农家乐网上运行规范》等，约束商家的经营行为，与保险公司对接，保障消费者权益，降低经营风险。还能对旅游市场进行监控，对经营行为进行跟踪、调查。

（五）消费引导与生态保护

在乡村旅游发展中应用"互联网+乡村旅游"模式，可以在各网络平台进行产品的宣传，提升服务品牌的知名度，以吸引更多的旅游者参与旅游消费。乡村地区每年旅游者接连不断，收入增多也造成了生态环境的污染与破坏。例如，农家乐活动中存在的各种不文明行为，如破坏鱼塘、随意攀折树木等，对此需要用网络平台进行规范，对不文明行为做批评，严重者列入"黑名单"。发展"互联网+乡村旅游"应做长远考虑，利用互联网平台进行文明旅游与生态环保宣传，要引起人们的重视，在消费规范中加大环保监管，实现经济的可持续发展。

三、创新科技在乡村旅游中的应用

从 20 世纪 80 年代到现在，我国经济与科学技术有了翻天覆地的变化，特别是信息时代与创新科学技术的发展，也改变了旅游业的发展。例如，利用创新科技提供给旅游业宣传与管理等方面的支持。此处以广东省为例，具体分析创新科技在乡村旅游中的应用。

（一）增加乡村旅游的营销手段，提升品牌

随着信息技术与互联网的不断发展与广泛应用，现代新科技也应用到了乡村旅游的发展与推广中，如建立目的地信息系统、旅游电子商务、网络查询功能等项目，都有着较强的实用性，其高效的交流、交易、沟通方式，增加了乡村旅游的营销手段，也提升了品牌形象。例如，改变传统观念，主动招徕旅游者，而不是等着他们自己上门。在新科技的帮助下，建立促销方式，利用图片、视频等方式在网络上展示旅游中的景观与风土人情，以及政府旅游性质的广告。例如，央视广告有很多都是以旅游地风景为主的宣传内容，可将未来过目的地的旅游者变成客源。另外，可借助网络宣传，让旅游品牌知名度得到提升。

（二）创新乡村旅游形式，扩大规模

时代不断地发展，新技术在各行业中都有良好的体现，在乡村旅游发展中也起到了显著的作用。第一，乡村旅游多在交通不发达的郊区或偏远地区、欠发达地区。而交通技术的发展，多种交通途径的开发，如铁路、高速、航运等方式让旅游者出行更方便，同时也增加了旅游人数。运用创新技术发展乡村旅游，将现代影像、声控等技术运用于景区中，吸引旅游者的关注。如利用视频影像观察植物生长，体验探索。网上的种菜游戏，也出现在现实中，让旅游者参与体验。另外还有模拟场景，如地震等，这些高科技手段的运用，既增加了景区特点，又扩大了游客规模，拓展了消费模式。

（三）改变传统管理方式，提高质量

乡村旅游火爆发展，带给各地商机与经济效益，于是大家纷纷效仿，各式各样

的乡村旅游服务不断兴起。例如，广东省乡村旅游在信息科技发展初期就运用其包装旅游产品，进行创新管理等。利用现代科技满足旅游者的需求，建立乡村旅游园区，如光学、计算机控制系统等新技术均运用于农业园区植物生长等方面。利用网络监管，实施全程网上自助服务，改变传统管理方式，提高服务质量，提供给乡村旅游发展强大的支持力量。

（四）提升乡村旅游景区品位，增加服务产品

广东省地理位置特殊，因此旅游资源与游客来源相当丰富，乡村旅游发展较快。特别是新技术的运用，把乡村旅游与其他旅游的地位进行了提升，并同时提高了产品的质量。信息技术与网络的延伸，提供给游客娱乐、办公、旅游等多方面的优质服务。如旅行社信息系统、酒店订票与服务系统、景区网上订票系统等，将信息技术应用于交通、服务等方面，既提升了景区的品位，又增加了服务项目，让旅游者的旅行更为便利。

（五）树立景区形象，形成激励机制

乡村旅游由政府或个人开发，缺乏整体规划与管理意识，服务质量与宣传方面都有着较大的问题。网络技术用以征集管理方案，系统的管理方法让网络营销更安全，为景区树立了良好的形象，使旅游企业形成了激励机制，继而提高了景区的档次。

（六）创新科技在乡村旅游中的措施与成效

广东乡村旅游发展势头一直良好，近年来信息技术与互联网科技的推广和应用，也加快了乡村旅游的发展。

1. 创新科技的应用，打造出个性化旅游产品

现在，各地区都在大力开展乡村旅游，因此让市场竞争愈加地激烈，但广东乡村旅游却并未止步不前，它不断更新经营理念，加快科技创新，让乡村旅游得到了平衡的发展。而乡村旅游的形式太简单，很容易被复制，所以只有创新才能

站稳市场。广东省湛江市就是重点乡村旅游开发地其中的一员，它利用网络与新科技打造了特色产品，这也是湛江市区别于其他地区之处。此外，企业还要与媒体合作，搭建信息平台，并针对客源特点推介旅游产品，走上了个性化乡村旅游的道路。

2. 科技信息的运用，扩展营销方式

在乡村旅游发展过程中，产品创新和营销最重要。广东乡村旅游营销，除政府投入的媒体外，还利用互联网开拓市场，提高自身知名度。例如，利用微信、微博等平台和专业旅游网站发布信息、开展营销，并利用网络形式扩展了传统营销方式。用户通过互联网沟通和分享旅游体验，这极大地促进了当地旅游业的发展。

3. 创新技术的运用，加强基础建设

广东优越的地理位置，决定了它丰富的游客资源，但因起点低，景区管理与配套设施未改进，无法达到高标准，所以不利于乡村旅游可持续的发展模式。因此要加强资源整合，引用新思路，运用新技术在基础建设方面下功夫。对乡村旅游产品加以创新，把混乱的开发、发展资源加以分类并规划整理、管理。以"新颖""乐趣""休闲"为主，将传统观光旅游变成度假、娱乐型乡村旅游，以提高可持续发展力度。

4. 创新技术的运用，提升服务水平

扩大乡村旅游会带动相关产业发展，也会让人口就业率增高。但乡村旅游从业人员一般都是景区居民，其文化与素质较为薄弱。广东在乡村旅游发展中，重视人才的培养，与高校签订合作合同，增加从业者的素质，再以新技术改变服务水平低下的问题，在全省乡村旅游景区开展自助服务。如建立自助信息平台，让旅游者实现自助游并享受其乐趣。这样既提高了服务水平，又节约了成本。

第五节　乡村旅游与制度创新

一、我国乡村旅游的发展环境与总体方向

（一）乡村旅游的发展环境

乡村振兴战略是决胜全面建成小康社会的七大战略之一，应借助乡村旅游推动乡村经济全面发展，提升经济质量，解决乡村发展中的社会与生态保护问题，要三者协同发展。新形势赋予乡村旅游解决城乡不平衡问题、盘活资源、解决乡村治理问题等功能；乡村旅游还应发挥连接城乡、促进经济增长的新功能。

（二）政策总体方向

中央农村工作领导小组将乡村旅游作为当前农村新产业和发展的新动能，使其获得了较好的发展机遇，但同时它也面临挑战，必须根据业界发展趋势，借鉴国际经验，在目前的政策体系基础上进一步完善和调整。政策引导上，应强调多元目标，强化目标的协同；将田园综合体、特色小镇等纳入旅游政策中，让乡村旅游发展、乡村建设、城镇化相互支撑共同推进；在发展方式上，盘活闲置资源，创新旅游发展模式，明确绿色发展方式，发展循环共享经济，在适宜地进行集群化、规模化发展；在新型城乡关系与全域旅游下，建立新资源观，引导新产品。政策支持上，支持要素应以智力与科技为主。智力支持集中于外部智库的指导与高端咨询，加大返乡创业，培训当地人才，吸引外部人才的流入。研发适宜的资源与环保技术，实施高效经营管理；创新融资方式、优惠政策和土地利用；增加政府责任，推动城乡互动，完善配套支持，推出新示范点。保障政策上，应发挥协调作用，提升组织化程度，加强治理，吸纳多元主体参与；未来政策应明确利益分享、鼓励共赢；目前政

策涉及的监管也是重点，应加快制订完善标准，实行全面监管和规范。

二、乡村旅游供给侧改革的支持条件

乡村旅游供给侧结构性改革属于系统性的改革工程，乡村旅游发展的条件不局限于土地和资金、人力投入的多少，而需要以科学的制度与规范来引导生产要素的合理配置，以达到优化效益的目的。

(一) 促进制度的科学化

制度是要素投入与产品流通的主要推动力，目前乡村旅游发展的困境都与制度设计不科学有着直接的关系。最突出的制度问题表现在三个方面：第一，政府包办发展。较多地区的乡村旅游发展对政府投入的依赖性太强，政府对民间资本、智慧投入制度未发挥出引导效果，最终因政府所设计出的路径不合理或投入不到位，形成乡村旅游项目工程未完结。第二，支持制度不稳定。政府主导的乡村旅游发展都有领导特征，不断更换领导干部，导致支持重点也发生变化，有些项目前期投入还未收回就被推倒重来，既浪费资源，又不利于乡村旅游产业的树立。正因如此，政府主导作用的发挥应坚守合理界限，主要应限于在公共产品建设上。第三，客观存在各种制度"打架"的情况。乡村旅游发展涉及较多的管理部门，并未经旅游主管部门统一管理，一些相关部门也按各自需求出台制度，但这些制度的衔接、协调问题未加以充分地考量，以致管理中各部门各行其是，经营无所适从。只对于规划制度来说，国土利用规划、城镇建设规划、农业发展规划都很难与乡村旅游规划衔接，突出了多种规划不能合一的问题，这已是制约乡村旅游发展的严峻问题。正因如此，制度在设计时要充分考量乡村旅游发展的需要，处理好政府和市场的关系、政策与制度的衔接问题。

(二) 发展环境优化

良好的发展环境是乡村旅游可持续发展的保证。乡村旅游发展依赖的环境应解决好三个问题：第一，市场竞争有序。应确保旅游竞争轨道的良性特征，通过政策与行为加以引导，避免出现乡村旅游资源同质化经营和开发，引入第三方论证，将特色作为开发的首要考量。同时将乡村旅游纳入行政管理范围内，加强监督与管理，对扰乱秩序的不合理竞争、强制性消费等第三方经营服务行为加以惩戒，以保证市场运行有序地发展。第二，辅助条件配套。乡村旅游经营突出的问题就是辅助硬件不配套，从而造成城乡消费流通不畅，制约乡村旅游资源发挥效用。此外，乡村旅游也面临辅助软件不匹配问题，缺少城乡旅游消费中介服务，而乡村旅游开发评估、经营服务、项目开发规划、服务人才供给等中介机构也极度短缺，造成乡村旅游经营从开发到供给再到服务过程出现非专业运作和感性发展的局面。第三，风险补偿机制。乡村旅游的发展与一般旅游业的发展不同，它有着更高的风险系数，以乡村和农业产业为依托的乡村旅游项目受资源禀赋的影响更大，抵御灾害的能力较弱，要保障其可持续的发展就要建立风险补偿机制，以增加产业的抗风险能力。目前紧要的是出台专门的乡村旅游保险产品，对遭遇灾害破坏的资源做合理的风险补偿。

（三）要素投入合理化

要素投入合理化是供给侧改革的主要结构，建立起适应发展需求的要素供给系统。目前，我国乡村旅游发展的突出问题是要素供给短缺与失衡。从现阶段统计数据来看，我国对乡村旅游投资明显不足。此时，乡村旅游人才低端化问题就非常明显，严重缺失专业旅游经营人才队伍，成为该产业发展最重要的制约问题。建设用地的供给不足也制约着我国乡村旅游的发展，《土地管理法》规定了集体用地在转为建设用地时应办理转用与征用手续。因此，当前乡村旅游发展用地一般都依靠农村土地挖潜与流转完成，在用途管制制度限制下，农村尚未完全放开宅基地流转，建设用地投入不足。促进乡村旅游要素投入合理化，应解决提高投入要素产业率的问题和调整要素投入结构问题，以合理机制促进要素集中于优质的乡村旅游项目。

（四）产业联动常态化

乡村旅游是以农业、农村资源为依托的新业态，应夯实乡村旅游资源，打通城乡消费渠道，引导城市消费进入乡村，形成一、二、三产业的联动发展。任何割裂生产要素之间联系的经济发展方式都是非生态化的，因此，乡村旅游的发展应构筑全要素的产业联动系统，从技术、服务、要素、产品、体制到网络整体推动。体制上，促进产业联动的关键是解决多头管理问题，要实现管理独立发展、主体明确。在要素联动上，要构建城乡要素流通渠道，建立流通市场，以确保城市要素顺利流向乡村旅游业。产品流通上，重点建立乡村旅游产品传导机制，以物流网减少产品进入市场的中间环节实现资源共享，加快经营服务专业建设步伐。技术联动上，转变粗放式经营，引进先进的经营理念、产品和技术等，克服自体经营与封闭发展的弊端。网络共建上，着力乡村旅游在大旅游平台的发展，畅通乡村旅游与三产资源共享渠道，建立匹配发展需求的管理、信息、物流、市场网络体系。

三、乡村旅游供给制度

供给侧改革要求，改善乡村旅游发展中制度供给与行为，是激发产业活力与规范市场秩序的基本手段，也是要素发挥能效的基础条件。作为新生业态，乡村旅游面临的制度与行为问题较为突出，应从供给端实现制度的优化、改善承接端行为失范问题，才会促进乡村旅游健康发展。

（一）法律制度

目前，我国乡村旅游发展法律制度供给不足主要表现在要素投入、环保、产业经营等立法缺位与针对性不强上。第一，要素投放立法供给不足，主要表现在土地立法的不完善、劳动补给不强、资本支持不高等方面。乡村旅游发展土地立法不完善表现为：土地流转制度缺位、农村建设用地制度不完善，没有提供给乡村旅游发展有力的支撑。劳动补给不强，体现在带薪休假制度落实上缺失法律监管，造成短程旅游的乡村旅游消费能力发挥不到位。资本支持不高，反映在对乡村资本监管与支持乡村旅游发展的土地和融资立法上的空白。第二，乡村旅游发展环保立法供给不足，表现在：环保法规规制的主要是土壤、大气、水体破坏与污染行为上，对于破坏开发与掠夺行为没有规制措施。而现有环保法律只侧重于对污染行为的后端监管，而对乡村旅游发展的生态没有足够的法律调整动能。此外，乡村旅游经营立法也存在针对性不强的问题。在现行《旅游法》中，几乎没有乡村旅游产业经营的调整,产业规划立法尚未纳入议程之中,特定形态的农家乐等乡村旅游法规制度均不完善。正因法律体系的不健全,应尽早构建促进乡村旅游发展的制度供给系统。以问题为导向,以地方立法为主,着力于供给侧要素供给不足、环保不到位、产业保护和经营缺失等立法不完善问题。加快推进农村土地利用与盘活,构筑农村土地流转法律制度。完善《劳动法》中带薪制度的监管立法,保证消费资源的稳定。乡村保存完好的自然生态环境是发展乡村旅游的基础,尽早出台乡村旅游资源开发和生态环保立法,对破坏资源和环境的行为加以惩戒,保证乡村旅游的可持续发展。加强农村土地和融资立法,满足乡村旅游发展所需要的资金问题。

(二)行政管理制度

乡村旅游发展中,行政管理制度供给应克服政府过度包办与管控问题,从乡村旅游特色塑造、资源保护、市场有序出发,建立区别于传统旅游的制度,适度放松行业准入、经营许可等限制,引导生产要素与布局的合理,对特色业态给予必要的补贴和扶持,加强规划设计,协调规划合一,解决好政府和市场定位问题,在乡村旅游经营中减少政府的微观干预,发挥总规划、协调联动与监督管理的主导作用。同时,还应正视乡村旅游发展遇到的最大的瓶颈是旅游用地供给严重不足的现实,在合法合规的前提下,积极探索乡村旅游用地中农村集体土地流转的途径与模式,实现农村集体土地流转制度的创新。

(三)服务传输制度

乡村旅游发展的内在需求是服务的专业化,也是当前乡村旅游发展中亟待解决的问题。与传统旅游服务和市场不同,乡村旅游发展的服务供给问题较突出,表现在项目开发论证服务机制缺失、专业队伍薄弱、人才供给短缺、经营评价机制不健全等方面。只有规范化的管理和服务,才能使乡村旅游规模化、产业化发展成为可能,要想改善乡村旅游服务制度供给,就应从管理主体出发,利用政府主导,引导服务资源转向乡村旅游业,建立城乡经营服务共享平台,培育专门服务队伍,加强服务标准建设,提升服务质量,改善不专业的服务境况。

(四) 经营激励制度

要实现乡村旅游可持续发展，就要确保激励制度的供给同步，克服乡村旅游发展的瓶颈制约，从多方位将社会资本集中向乡村旅游。第一，保障城乡旅游发展资源配置的公平性，解决乡村旅游水、电、气等的供应和服务配比问题，确保公共资源供给有保障。第二，坚持差异原则，在税收、工商、融资方面给予政策倾斜，将乡村旅游服务列入政府购买范畴内，扶持乡村旅游的发展。第三，建立乡村旅游经营的评星定级制度体系，政府激励特色、高效、绿色项目，并将政策优惠和项目星级挂钩，鼓励乡村旅游发展走向高端经营之路。

四、乡村旅游产业政策优化路径

(一) 协调目标功能

乡村旅游应出台多元一体化的政策，才会促进乡村振兴。产业政策要鼓励乡村旅游完善与整合产业链、利用当地资源、盘活闲置资产、带动其他产业发展；具有突出、带动城乡发展，满足人们多样性生活的功能；更应发挥旅游生态保护的作用，促进绿色转型、改善乡村环境等。引导政策中，明确发展目标，鼓励利益相关者追求目标。在资源上，鼓励闲置资源多样化利用，将宽广的空间、人与自然和谐生活方式、民俗风情等作为特色产品；文化与旅游结合，利用资源深度开发非遗产品、乡村传统景观等，引入流行元素和资源与文化结合，面向亲子市场、中小学研学、老年康养开发有针对性的产品，以做到丰富谱系及时更新。

在发展方式上，引导借助乡村旅游，撬动城乡资本和人力资源，促进生态系统恢复、人居环境改善和农业绿色转型，将旅游纳入当地循环经济，全面改善乡村面貌；在具备条件的地区，将乡村旅游作为全域旅游的重要实施领域，推进旅游业和乡村地区发展的全面融合，借助田园综合体和特色小镇建设，推动多产业、集群式和城镇化结合的规模化、信息化发展，扩大乡村旅游效益；通过社区自身发展旅游可以促进多方面的可持续性，政策应该引导多元利益主体与社区合作，实现内生性发展。

（二）提升质量效益

首先仍要加大基础设施支持力度，未来政策必须统筹考虑改善乡村旅游目的地外部交通，广泛吸纳政府资金、私人资金和社区自有资金，再将乡村旅游和美丽乡村建设、乡村公共服务设施建设、人居环境改善相结合，结合智慧乡村建设，重视公共旅游服务体系建设，建设相应的硬件设施。创新乡村资金利用，汇集财政与农业资金支持，改善发展条件，放宽信贷方式，鼓励低息或免息小额贷款发放给农户，灵活运用奖补资金，将稳定现金流资产进行众筹，鼓励对接城市支持旅游业，以多元化地筹资乡村旅游建设和运营资金。

智力支持上要加强有效方式，政府要解决顶层设计，如布局、规划、品牌化、组织化、可行性论证等问题；采取与院校联合、集中培训等多种形式，结合创新与经营，培育人才；在经营上，鼓励外企的对口帮扶，聘用专家指导；在特定地区，人才选拔上要偏重于乡村旅游专业；以多方合作加强研究与经验总结，把乡村旅游开发纳入农业推广中，并在全国范围内推广。政府与旅游行业要大力度推广营销，支持乡村旅游的各项活动，政府推介目的地应加入乡村旅游内容，支持电商的介入，在城市旅游集中地加入乡村旅游线路，并对经营者加以奖励。另外，除规划引导、示范创建外，还要相应配备奖励评比、科技研究、集成推广，把旅游资源富裕的乡村旅游纳入政绩考核中，并且鼓励资源投入，探索发展模式。

（三）推进持续发展

发展支撑措施上，政策应关注利益分享与加强政府服务功能，尽快提升组织化与治理水平，对各环节加以完善监管、控制负面影响。利用农业生产结合于乡村经营主体，鼓励合作社的参与，让其进行产品经营，形成多元主体参与形式，发挥个人的能力，提升经营水平，让公共管理更加有序。政策要对外来资本加以管控，不要让他们对社区利益造成危害。

规范与监管内容要进一步完善，应该集中于三个方面：第一，合理开发；第二，经营与服务行为规范；第三，负面影响的控制。三方相互联系和制约，应采用一系列手段来解决。合理开发以资源保护为主，涉及方面较多，应督促相关部门对法律法规进行细化，明确开发的标准与要求，出台保护细则，增加政策操作性；如许可、评价、认证制度等，加强督导。列出清单并采取措施，减少文化、社会、生态的负面影响。手段上，应多措并举，公示、计划、标准、奖惩、法规、检查监督等共用，政府、社区、第三方参与，积极推动行业自律，以达成效。另外，对政策要进行评估，推广绩效好、适用面广的政策，对带来负面效果、未达到预期效果的政策要及时改正。

参考文献

[1] 江东芳,吴珂,孙小梅.乡村旅游发展与创新研究[M].北京:科学技术文献出版社,2019.12.

[2] 谌静.乡村振兴战略背景下的乡村旅游发展研究[M].北京:新华出版社,2019.04.

[3] 郝芳.旅游美学视野下的乡村旅游发展研究[M].北京:北京工业大学出版社,2019.11.

[4] 张碧星.城镇化发展过程中的乡村旅游经营管理研究[M].北京:中国商务出版社,2019.03.

[5] 鲍黎丝,黄明珠,刘红艳.乡土文化遗产保护与乡村旅游的可持续发展研究[M].成都:四川大学出版社,2019.05.

[6] 杨永杰.乡村旅游的发展研究[M].长春:吉林人民出版社,2019.

[7] 王荣红.乡村旅游发展与资源开发研究[M].北京:现代出版社,2019.12.

[8] 徐露.全域旅游视角下乡村旅游发展研究[M].郑州:郑州大学出版社,2019.09.

[9] 李卫东.乡村休闲旅游特色发展[M].北京:中国农业大学出版社,2019.09.

[10] 杨琴,谢恒.乡村旅游业持续发展研究[M].成都:西南财经大学出版社,2019.10.

[11] 程慧栋,叶闽慎,马德富.区域乡村旅游产业发展与治理[M].北京:当代中国出版社,2019.12.

[12] 马晓龙.乡村振兴战略与乡村旅游发展[M].北京:中国旅游出版社,2020.04.

[13] 郭创乐.乡村振兴战略背景下乡村旅游高质量发展研究[M].北京:中国原子能出版社,2020.10.

[14] 刘石慧.乡村旅游发展与创新研究[M].哈尔滨:哈尔滨地图出版社,2020.03.

[15] 张银玲.中国乡村旅游发展与规划研究[M].北京:九州出版社,2020.09.

[16] 杨家娣.新农村背景下乡村旅游发展研究[M].哈尔滨:哈尔滨地图出版社,2020.07.

[17] 杨萍.乡村旅游业发展研究[M].哈尔滨:哈尔滨地图出版社,2020.06.

[18] 李静. 乡村旅游与旅游扶贫发展研究 [M]. 长春：吉林科学技术出版社，2020.07.

[19] 李倩. 全域旅游视角下的乡村旅游思考与发展实践 [M]. 北京：北京工业大学出版社，2020.06.

[20] 汪莉霞. 乡村旅游开发与产业化发展探究 [M]. 北京：中国农业出版社，2020.09.

[21] 陈萍萍. 当代乡村旅游产业发展研究 [M]. 北京：中国纺织出版社，2020.07.

[22] 谭燕瑜. 乡村旅游开发与可持续发展研究 [M]. 哈尔滨：哈尔滨地图出版社，2020.05.

[23] 赵鑫. 乡村旅游与休闲农业发展研究 [M]. 长春：吉林教育出版社，2020.05.